宇宙とつながる 縁結び

HOW TO CONNECT WITH THE GALAXY

小野寺 潤 言霊研究家／圀手會・やまとの会代表
JUN ONODERA

サンマーク出版

愛し愛される伴侶、本音を言い合える親友、
才能を伸ばしてくれる師匠、
ビジネスをともに発展させてくれる仲間、

自由な生き方を選択できるための十分なお金、
人生を劇的に変える出来事……。

そんな素晴らしい人やもの、出来事とご縁を結び、
人生をより充実したものにしたいのなら、

〝宇宙〟とご縁を結びましょう。

How to Connect with the Galaxy

宇宙とつながる縁結び

Contents

宇宙とつながる「縁結び音源」収録内容

《PROLOGUE》あなたがご縁を結ぶのは「宇宙」です

1章　謎を解いて、ご縁を結ぶ！
古代日本と宇宙をつなぐミステリー

2章 願いをかなえる「結び」を起こすための本当の「お清め」

3章　結びを発動！女性性と男性性のバランスを取る方法

装丁・本文デザイン：冨澤崇（EBranch）
装丁イラスト：佐藤玲奈
本文 DTP：朝日メディアインターナショナル
編集協力：江藤ちふみ
株式会社ぷれす
編集：金子尚美（サンマーク出版）

浜の波音が収録されています。どちらも、古代海人《あま》族の息吹を感じる場所として、私、小野寺が実際に両島を訪れ、音響チームが録音したものです。波の音自体に人間の脳波を整える癒やし効果があるため、仕事中や作業中に聞いていただいても、邪魔になることがないでしょう。

収録内容の中心となる音源は、本書のため音楽家の Lucamina氏が直接壱岐島に赴き、その場で作曲、演奏したものがベースになっています。Lucamina 氏には、**その場にある目に見えないエネルギーを、音楽に変換する特殊な能力**があり、この世と異なる次元から下ろしたその音楽には、癒やしだけでなく、祓いの効果も込められています。

▶最強開運の「言霊」と最強祓いの古代海人族・祓詞「神文」

この音源には、言霊の発生原理に基づいた手法により、以下を実現するための言霊が封入されています。

「呼吸が楽になる」「体が疲れない」「体が活性化する」「スポーツ、ダンス、武術など身体操作が向上する」「頭脳が明晰《めいせき》になる（意識がクリアになる)」「クヨクヨ悩まなくなる」「瞑想《めいそう》が深まる」「祓い、鎮魂、言霊の力が向上する」「運が向上する」「邪念邪霊を受けつけない」「自己の役割を生きる」「全我（全能力）で生きる」

また、私がかつて公開してきた**白川神道の祓詞《はらいことば》のもととなる、古代海人族の貴重な祓詞を同じく言霊として封じ込めています。**その祓詞は、中臣氏の前身である中《なか》津弓前《つゆま》一族が使用していた**「神文《かみふみ》」と呼ばれる、宇宙のしくみを古代日本語で詳述したものです。**

また「神文」の古代日本語バージョンだけでなく、現代語バージョンも言霊として封入しています。**宇宙のしくみを受け入れ、それに身をゆだねることにより、強力な祓いの効果**を期待することができます。

宇宙とつながる
「縁結び音源」収録内容

【収録音源】
Lemurian breeze
(5：48)

［音源制作者］
Lucamina
TAISAI 株式会社
［作曲・演奏］
Lucamina

祓って、結びを起こす「縁結び」音源とは？

この音源は、しかるべき結びを起こし、本当の自分の姿で素晴らしい人生を送れるよう設計されています。同時に、あなたの身体能力、脳力、集中力、精神性、運の向上、また、あなたとあなたのまわりの空間をお清めするために作られました。

お清め効果のある音源と、耳に聞こえない祓《はら》いの言霊を、言霊発動の理に則《のっと》った特殊な手法で乗せていますので、一度ならず繰り返しお聴きいただいて結構です。体の深いところから、これまで経験したことのない、繊細な活力を感じることでしょう。

音源の使い方

●毎日好きなだけ聴いてください。ＢＧＭにしてもかまいません。
●音が聞こえなくても、電気信号としてエネルギーが発信されるため、**音量ゼロでも効果は変わりません**。
●音声をパソコンや iPhone などの音声再生装置にダウンロードしても、効果は変わりません。

音源詳細解説

▶五島列島と壱岐島のエネルギーが宿る美しい波音とメロディ

音源のはじめに五島列島頓泊ビーチの波音、また終わりの部分には、壱岐島清石

《音源》ダウンロード

【ダウンロード方法】

①スマートフォンから、上記のQRコードを読み込んでください。
②必要事項を入力のうえ、ダウンロードしてご活用ください。

▶言霊の発生原理について

音や文字に表せるものを「言葉」、音や文字という形になる前の目に見えない姿を「言霊」と表現します。それはいわば、音が生まれる前の無音のエネルギー。「言葉」として現象化する前の「圧」と呼んでもいいでしょう。かつては、「言霊」を周波数として表現しましたが、今回は特定の「圧」として音源に組み入れています。したがって、古代海人族がそうであったように、機械発生音ではなく、祓いの修行を受けた人間が話す言葉そのものをベースにしています。

音楽家・Lucamina 氏プロフィール

Lucamina（ルカミナ）

音楽家／医師

京都大学医学部卒業。祖父は戦艦大和の設計者。

小野寺潤と「やまとの会」で活動をともにする。

幼少のころより作曲を始め、企業の宣伝音楽などを手がける。2017年、七澤賢治プロデュース作品「二上念禱《ふたかみねんとう》〜大伯皇女《おおくのひめみこ》の黙せる言伝《ことづて》〜」に作曲家・演奏者として参加する。同年秋には、ニュージーランド・クライストチャーチでの鎮魂演奏会に出演。雅楽とピアノの作品を発表し、現地にて好評を博す。2018年秋には、大阪での鎮魂演奏会に出演。『万葉集』や『源氏物語』、『古事記』などの日本の古典文学や、全国の一宮をモチーフとした楽曲などを発表。自然や聖地などからインスピレーションを受けた創作や、さまざまなジャンルの作家・アーティストとの共作、エネルギーワーカーとの共同創作など、活動の幅を広げている。

https://www.lucaminamusic.com

How to Connect with the Galaxy

How to Connect with the Galaxy

あなたがご縁を結ぶのは「宇宙」です

Prologue

いにしえの日本人が実践していた能力を発揮させる方法

この本を手に取っていただき、ありがとうございます。

「理想のパートナーがほしい」

「よい人間関係を築きたい」

「自分に合った仕事と出会いたい」

「お金にもっとご縁がほしい」

誰もが望むご縁ですよね。

望む人やものとご縁を結びたい**あなたは、「宇宙」と縁結びをしましょう。**


宇宙と縁を結ぶなど、いきなり常識外れなことを言うと思われたでしょうか。

では、もっと驚く事実をお伝えしましょう。

古代日本、私たちの祖先は宇宙とつながり、並外れた能力を発揮して人生を謳歌《おうか》していました。

それだけではありません。海を渡って他国とさかんに交流し、海外の文化を日本に持ち帰り、高度な文明を築いていたのです。そんな日本人のことを**「やまと人」**とこの本では呼びます。

これから、いにしえの日本人・やまと人が実践していた**宇宙との縁結びで、願いを自由自在にかなえ、不安や悩みを軽々と超えて望む現実を作る方法**をお伝えします。その方法はけっして難しくはありません。

やまと人の遺伝子を目覚めさせるために、この本を読むこと。

そして、この本に収録している**「祓《はら》い」と「結び」の言霊が込められた音源で、心、体、空間……そして、あなたの人生を清めるだけ**です。

『古事記』に隠されていたアンドロメダ銀河の秘密

さらに驚く事実をお伝えします。

いにしえの日本人がつながっていたのは、**地球からはるか彼方《かなた》にある「アンドロメ**

ダ銀河」です。

当時、アンドロメダ銀河は**「太歳《たいさい》」**と呼ばれていました。

後ほどお話ししますが、**このアンドロメダ銀河こそ、根源の神であるタカミムスビノカミ（高御産巣日神）。**『古事記』では天地が初めてできたとき、アメノミナカヌシノカミ（天之御中主神）につぎ、カミムスビノカミ（神産巣日神）とともに現れた「造《ぞう》化三神《かさんしん》」として記されています。

私たちが住む天の川銀河を越えて、**いにしえの日本人は、このアンドロメダ銀河と縁を結び、愛と叡智《えいち》に満ちた豊かな人生を生きていたのです。**

古代日本人が銀河とつながっていた……このような話は、にわかには受け入れがたいでしょう。

しかし、時代の転換点で本当に役立つ教えというものは、たいてい過去の枠組みに収まりません。

これからこの本でお伝えする情報は、既成の概念を大きく超えたものです。

その情報こそが、変化の時代を生き抜くためのものであり、**太古の昔に私たち日本**

人が縦横無尽に使いこなしていた教えともいえるのです。

もし、あなたがいまの人生にどことなく違和感を持っているとしたら……。あるいは、「もっと自分のポテンシャルを出せるのでは」と感じているとしたら……。

それは単に、自分が何者か、どのような可能性があるかを忘れているだけです。

古代日本人の末裔《まつえい》である私たちは、彼らの遺伝子を持っています。

また、彼らと同じ働きをする脳を持っています。

願いを思い通りにかなえて生きるには、この本を読むことでその遺伝子を呼びさますだけでいいのです。

そうすれば、アンドロメダ銀河とつながり、望む現実と縁を結べるようになり、人間関係や仕事、お金、人生の目標や夢、すべてにおいて願いがかないはじめます。

この本が目指すのは、まさにそこです。

収録音源！　古代祓詞＆五島列島・壱岐島の波音を流すだけ！

まずは、本書収録のオリジナル音源「Lemurian breeze」を流してください（14ページのＱＲコードでダウンロード）。

部屋にわずかな音量で流すだけでもかまいません。**無音で流しても効果があります。**

心地よい音色には、革新的な科学技術によって太古の言霊のエネルギーが重ねられています。

その言霊が、ながらく千葉県の香取神宮に秘蔵されてきた古代の祓詞《はらいことば》「神文《かみふみ》」です。

これは、いままで私がお伝えしてきた白川神道のオリジン（根源）である祓詞です。**非常に強力な祓いと結びの力を持っています。**

そこに、さまざまな現実創造の言霊を重ねることで、宇宙との縁結びが実現するのです。

この音源をさらにパワーアップさせているのが、天才音楽家のLucamina氏の美しい楽曲です。Lucamina氏には、その場にある目に見えないエネルギーを、音楽に変換する特殊な能力があり、**この世と異なる次元から下ろしたその音楽には、癒やしだけでなく、祓いの効果も秘められています。**聴く者を深いレベルで癒やし、古いエネルギーを祓って潜在能力に働きかけていきます。

また音源の始まりと終わりには、やまと人の**ゆかりの地である五島列島と壱岐島で録音した波音を加え、太古から続く大自然の息吹《いぶき》を封入し、さらなる浄化を起こします。**音源を流すことでそれらの作用が複合的に働き、結びの力が発動して、現実が作られていくでしょう。

「リラックスした」「臨時収入があった」……音源の感想は？

この音源がもたらす働きは、確かな実力で多くの信頼を得ている「巫女《みこ》」や「特殊能力者」によって証明されています。また私自身も、この音源にこれまでにない手応えと変化を感じました。

何より驚いたのは、音源を流したとたん、**ふだんおこなっている神道の行の〝お働き〟が自分自身に起きたことです。**

具体的に何が起きたかは2章でお話しするとして、ここでは、一足先に音源を聴いた方たちの感想をご紹介していきましょう。

「空間が清められ、内面にもよい変化が」

言霊のエネルギー、波の音、きれいなメロディの3つが合わさり、音源を流すと場が清められただけでなく、普通のお清め以上の〝何か〟を感じました。**場に対する素晴らしい影響があり、何らかの奇跡が起きていく予感がしています。**内面的な部分でも大きな変化があり、「よい」「悪い」という言葉を超えた「すごいもの」だと感動しています。（30代・女性）

「リラックスした体感があり、意識がクリアに」

冒頭の波音を聴いてすぐに、**ヨガでリラックスしたときの体感・唾液が湧く**（副交感神経が優位になった証拠だそう）**という変化がありました。**メロディ部分になると自然に体が左右に揺れるような感覚があり、びっくり。意識がクリアになった気がしますので、これからも繰り返し聴きたいです。変化が楽しみです。（40代・女性）

「一週間で仕事の新規依頼が3件、臨時収入も」

ここ数年、不眠で悩んでいたのですが、音源を聴くと呼吸が深くなり睡眠時間が長くなりました。また聴きはじめて一週間で、**仕事の依頼が立てつづけに3件も来たり、思わぬところから臨時収入があったりして驚いています。**（50代・女性）

このように、さっそく現実への変化を感じる人も多いようです。

その理由は、結びの力です。

物事を現実化していく「結び」の力

「結び」は「産霊《むすひ》」とも書き、神道においてもっとも重要な概念です。

この世界で物事を現実化していく力が「結び」です。

神道の秘儀や教えは、すべて結びのためにあるといっても過言ではありません。

今回は、いままでとはまったく違うスケール感で結びの力を働かせ、現実を作り変えるために、この収録音源を作成しました。

私は、この本をあなたの人生の突破口にしてほしいと願っています。

そして、そうなると確信しています。

私がなぜ、この本を書くにいたったのか。そして、なぜこの本が、変化をもたらせると自信を持って言えるのか。それを理解していただくために、ここで自己紹介をかねて、この本を書くまでの経緯をお話しさせてください。

少し長くなりますが、**本の背景を知ることは、新しくもたらされた情報を使いこなす**

ための大切なベースとなりますので、少々おつきあいください。

世界で初めて明らかにする古神道以前の〝オリジン〟の教え

私はこれまで、日本の古神道と最先端の科学を融合させた現実創造の方法を著作や講座でお伝えし、大きな反響をいただいてきました。

おかげさまで、本はいまでも版を重ね、講座にはオンラインも含めると、のべ10万人以上もの方が参加してくださっています。また、「やまとの会」という約2000人が参加するオンラインサロンを運営しています。

『あなたの人生に奇跡をもたらす　和の成功法則』、次作目の『願いをかなえるお清めCDブック』では、古神道の叡智によって**すべてを祓って「空」になり、最適な状態で言霊を発して現実を作る方法**をお伝えしました。

そして、前作『成功の秘密にアクセスできるギャラクシー・コード』では、私たちの脳を通して**天の川銀河の中心であるブラックホールとつながり現実を創造する方法**をご紹介しました。

どちらも、**古神道の教えと最新の科学知識を統合した画期的な教えであり、潜在能力を呼び起こす強力なメソッド**だったと自負しています。

実際、素晴らしい結びの力を働かせて望んだ成果を出すことができたというご報告を多数いただきました。

著作や講座のベースにあったのが、白川神道です。

白川神道は、いわゆる古神道の一派で、平安時代から幕末までの800年間、天皇が司《つかさど》る宮中祭祀《さいし》に関わってきた白川伯王家が伝えてきました。白川神道の継承者であり、一般社団法人白川学館の代表理事だったのが七澤賢治先生です。

私の人生は七澤先生との出会いによって、大きく変わりました。それまで行き詰まっていた事業がV字回復し、私生活も好転。その教えの素晴らしさに感銘を受けて七澤先生から直接指導を受け、白川学館理事として活動するようになったのです。

白川神道をはじめとした国内外の宗教、言霊《げんれい》学などを20年以上にわたって研究し、各

界の学識者や公的機関などと最先端の情報をやりとりしてきた13年間。その集大成ともいえるのが、世界的なパンデミックが始まった年に出版された『成功の秘密にアクセスできるギャラクシー・コード』でした。

激変する時代に合わせ、さらなる現実創造のしくみを開発しようと模索しているなかで、**私にとって重大な出来事がありました。**

偉大な師であった七澤先生がこの世での使命を終えて、天に還《かえ》られたのです。大きなショックを受けましたが、私は、悲しみに暮れているわけにはいきませんでした。七澤先生は生前、私にこのような言葉を残されていたのです。

「君には、すべてを伝えた。あとは、師を殺す覚悟で道を進みなさい」

極端な表現だと思うかもしれませんが、これは「仏に逢《あ》うては、仏を殺せ。祖に逢うては、祖を殺せ」という禅語になぞらえた言葉です。先生は、この禅語に託して、「私を超えて進んでいけ」と激励してくださったのでした。そして、「守破離」ではなく、「守破離・離」の極意を授けてくださったのです。

その言葉通り、私は覚悟を持って探求を進めました。そのなかで導かれるように、さまざまな出会いがあり、古代の人々のリアルな姿が浮かび上がってきました。

そして、**結びの働きの源がアンドロメダ銀河にあった**ということがわかったのです。

その核心部を、この本では世界で初めて明らかにしていきます。


それだけではありません。今回出会った教えは、「古神道」という言葉が生まれるずっと前から、日本にあったものでした。

神道のみならず、国内外にある他の宗教や成功法則、運命学……すべての源流をさかのぼった源、オリジン（根源）にある現実創造のしくみ。

いにしえの日本人はそのしくみを知っていて、息をするように使いこなしていたのです。

本来の生き方にシフトしましょう

少しだけ先取りして、情報の一部をお教えしましょう。

彼らは、私たちがいるこの**天の川銀河がアンドロメダ銀河とメビウスの輪のようにつ**

ながっていることを知っていました。冒頭でお話ししましたが、アンドロメダ銀河は根源の神であるタカミムスビそのものです。

やまと人は、その力とつながり結びのエネルギーを発動させていたのです。

さらに、天の川銀河とアンドロメダ銀河は、**男性性、女性性のバランスを取る新しいあり方をしていました。**

この本でお伝えするのは、そのような生き方、本来の生き方にシフトしていくためのものです。そして収録音源は、その教えをあなたの人生にいかすための重要なサポートとなります。

念のためにいうと、これからお伝えする情報や収録音源は、私が単独で研究・開発を進めたものではありません。**私たちの情報機関には、各分野の精鋭が集まっています。**この本の情報は彼らとともに形にしたものです。

守秘義務があるのでくわしくはお話しできませんが、**私たちのもとには、国内外の要人や経済界のトップ、文化人、スポーツ選手なども協力を求めて訪れます。同時に、一般には明らかにされない機密情報や最新科学の知見が集まってきます。**

そこに、各分野の学識者からの情報、大学や神道機関の図書館、国会図書館、古書店、神道研究者の蔵書など膨大な資料、また、あるご神事で得た一連の情報、私たちが長年蓄積してきた研究成果を合わせてたどりついた内容です。

あらゆる分野から検証し、結論にいたったときには、まるでパズルのピースがはまったような感覚でした。

私たちは明らかになった事実に、ただ驚くばかりでした。

過去長きにわたって研究してきた古神道、のみならず、さまざまな宗教や教えすべての根源にあった働きを、この本でお伝えできることはこのうえない喜びです。

歴史の転換点を生き抜くための〝本物〟の情報

世界はこれから、もっと大きく様変わりします。

歴史の転換点であるいま、私たちに必要なものは何でしょうか。

それは古い概念を打ち破り、新しい現実を自分自身で作る力です。

これまで慣れ親しんできたぬるま湯のような常識の先に、この時代を乗り越える突破力はありません。社会のありようが大きく変わったいま、もう過去の知識や経験則では生き抜けない時代が訪れています。

しかし見方を変えれば、ある意味チャンスの時代がやってきたのです。なぜなら、変化の必要性が差し迫らないかぎり、人は変わろうとしないからです。

本物の情報を知ることで意識が変化し、新しい人生が始まります。

それは、**自分の能力を最大限に引き出し、リラックスしながら幸せや喜びを日常に見《み》出《いだ》す。私たちが長い間忘れていた愛と叡智を思い出し、他者や自然と調和しながら生きていく。そんな人生です。**

私たちは、誰でもそのような人生を生きられます。アンドロメダ銀河とつながった古代人の能力はけっして特別なものではなく、誰もが持っている力だからです。

眠っていたその力を引き出すのが、収録音源「Lemurian breeze」です。

いままで誰もたどりつけなかった古代の叡智から得た言霊を、最新のデジタル技法で加工したこの音源は、**あなたと周囲の空間を根底から祓い清め、自動的に大きなシフトをもたらしてくれるでしょう。**

この本は、その清浄な音を聴きながら読み進めていただければと思います。

新しい知識、本物の情報を知ることで意識が変化します。その変化が、現実を変える力になるのです。

さあ、まずは収録音源を流してください。そして、アンドロメダ銀河とつながっていた、いにしえの世界を感じてください。

古代祓詞が封じ込められた美しいメロディと波音が、体・心・魂、そして場を祓い清めます。

あなたの世界に、太古からの愛と叡智を届ける音色が流れ出したとき、宇宙との縁結びは、もう始まっています。

1章

謎を解いて、ご縁を結ぶ！
古代日本と宇宙をつなぐミステリー

HOW TO CONNECT WITH THE GALAXY

日本の歴史にまつわるミステリーを解き明かそう

宇宙と縁を結びたいと望むとき、まっ先に必要なことは何でしょう。

それは、「自分自身とは何か」について正確に知ることです。

いや、正確には「思い出す」といったほうが適切でしょう。これから知ることはもともとあなた自身が知っていたこと。いまは単に忘れているに過ぎないからです。

生まれ持った気質、私たちに秘められた望む現実を作る力を知らなければ、それらを使うことができません。また、自分が何者であるかを知らなければ、他者とつながりを持つことも、宇宙と縁を結ぶこともできません。

しかし、それらを知りさえすれば、力を発揮できます。

そのためにまず、この章ではあなたのオリジン（根源）を明らかにしていきます。

これは、**いままでのあなたの常識を覆すことになります。**

同時に、**日本の歴史にまつわるミステリーを解き明かすこと**ともいえます。

歴史といっても、けっして難しい話ではありません。ただ、信じられない気持ちが湧いてくるでしょう。

それでもどうか、楽な気持ちで読み進めてください。

あなたはこれまで、古代の日本について次のように習ってきたはずです。

「紀元前1万3000年ごろから、約1万年以上も高度な文化を築いた縄文時代があった。その後、大陸から渡ってきた渡来人によって鉄や稲作がもたらされ、弥生時代が始まった」

これは、半分正しく半分間違っています。

たしかに、縄文時代の日本人は洗練された文化を築き、自然と調和しつつ、その豊かさを享受しながら平和に暮らしていました。

彼らが非常に高度な文化を築き、高い芸術性を発揮したことがいま注目されていることは、あなたもご存じでしょう。

ただし、日本は統一されていたわけではありません。

各地域にそれぞれの言葉や生活様式があり、各部族が独自の文明圏を築いていました。たとえば、九州地方にいた熊襲《くまそ》や隼人《はやと》、あるいは、山陰地方の出雲《いずも》族、東北の蝦《えみ》夷《し》などです。

私たちはもともと大海原で活躍する海洋民族だった！

いま私たちは、彼らを総称して縄文人と呼んでいます。

そして、彼らは海外とは無縁に、生まれた土地に根づいて一生を終えた、と考えています。

しかし、その常識を打ち砕く真実がわかってきました。

縄文人のなかには、海へと活動の場を広げ、中国大陸や朝鮮半島をはじめとする海外

と交流を持ち、現地の文化を日本にもたらした人々がいました。

これを、倭人海人族《わじんあま》、もしくは天族《あま》といいます。

この海人族は大海を自由に移動し、時には北方アジアや東南アジアまで出かけて、海外の文化や品々をもたらしました。

特に彼らが伝えた鉄と稲作は、その後の日本に大きな影響を与えました。

彼らこそ全国を平定し、いまの日本の基礎を築いた私たちの祖先ともいえる存在なのです。

海人族が活躍したのは、縄文時代の後期。彼らがもたらした鉄は武器や農具のもととなり、稲はいうまでもなく日本人の主食となって、私たちの命をつないできました。

その他にも、海人族は海外との交流や貿易を通して、さまざまな知識や情報、品々を日本にもたらしました。そして現在の奈良を拠点に、全国を統合して日本を治めたのです。

奈良のことを大和《やまと》といいますが、これは倭人海人族の「倭《やまと》」にちなんでいます。

海人族が日本を統合したのが弥生時代です。その後、彼らを中心として、まつりごとや社会のしくみがさらに整い、古墳時代へと続いていきました。

大和（倭）の地から日本という国が始まったといえるのです。

藤原氏、蘇我氏、物部氏、秦氏など、飛鳥時代から平安時代にかけて日本のいしずえを築いた氏族は、みな海人族だったということがわかっています。

その意味で海人族は、「やまと人（やまと族）」だといえるでしょう。

ですから、**この本では以後、倭人海人族を「やまと人」と称し、話を進めていきます。**

ちなみに、日本を表す「やまと」という言葉は、もともと「ヤマイットゥ」といいます。ヤマは山ではなく、本来は「島」のこと。イットゥは、「人」を意味します。

つまり、「やまと」とは、島の人という意味なのです。

海人族の本拠地は、長崎県の五島列島、壱岐島、福岡県の糸島、志賀島あたりだと考えられているのは、その証拠のひとつだと考えられます。

コミュニケーション能力・交渉術に長けていた「やまと人」

ここまで読んだあなたは、きっとこう思ったはずです。

「日本の産業や文化のおおもとは、中国大陸や朝鮮半島からの渡来人がもたらしたのではなかった？」

たしかに、学校ではこう習ったという方も当然いらっしゃるでしょう。

しかし、やまと人がそれらを伝えた証拠は、いまも歴然と残っています。

それは、私たちが使っている日本語です。

もし渡来人が国の根幹に関わる産業や文化を私たちの祖先に伝えたのであれば、必ず自分たちの言葉を使うよう教育したはずです。そうだったならば、日本語そのものがとっくに消えているでしょう。

しかし、私たちはありがたいことに、この世界でも類を見ない稀有《けう》な言語だといわれる日本語を使っています。その事実が、**やまと人がみずから海外の情報を日本に持ち帰り、広めた証拠**だといえるのではないでしょうか。

縄文人はけっして、生涯を生まれた土地で過ごした〝土着の民〟ばかりではなく、そのなかには広々とした大海原《おおうなばら》を舞台に活躍した海洋民族が存在しました。

そして、そのやまと人こそ、いまの日本のいしずえを築いた民であり、私たちの先祖。これが、私たちの秘めた可能性を教えてくれる第一の重要なファクターです。

では、**私たちのルーツである「倭人海人族＝やまと人」**は、どのような生き方をしたのでしょうか。文献から浮かび上がった彼らの特徴を大まかにお伝えしましょう。

- **多民族と対等につきあうコミュニケーション能力や交渉能力があった**
- **お互いの気持ちをよく理解できた**
- **異なるものをつなぐ橋渡しが得意だった**
- **高い航海技術や優秀な武力を持っていた**
- **常にリラックスしていた**

どうでしょう。現代の日本人は、どちらかというと内向き志向が強く、自己主張が苦手だといわれています。

そんな日本人像と違い、**おおらかでたくましい先祖の姿が浮かび上がったのではないでしょうか。**

意外に思うかもしれませんが、まだ序の口です。

これから、やまと人の驚くべき能力を、明らかにしていきますので楽しみにしていてください。

「空海」の超人的な能力はやまと人の叡智にあり

やまと人は、斎重城《さえき》と呼ばれる強力な水軍を持っていました。

斎重城は、当時の中国大陸や朝鮮半島の人も怖《おそ》れるほど独自の地位を確立しており、『魏志倭人伝』には「諸国はこれを畏怖する」と書かれています。
その水軍を支えていたのが、やまと人の高い造船や海運、そして星見（天文）の技術です。

当時の状況を見ると、海の向こうでは中国大陸や朝鮮半島などの勢力が常に日本に対して食指を動かしていました。**そんな社会情勢で日本が自国を守るためには、高い交渉力や武力が必要でした。**

やまと人がそのどちらも持っていたから、日本は列強に支配されることなく、自国の言葉や文化、そして美しい国土を守ることができたのです。

彼らが最強の水軍といわれた理由のひとつが、星の配置や運行を高い精度で読み解けたこと。そして、その位置によって相手軍の動きや世の中の動向を察することができたことです。

ちなみに、真言宗の開祖であり、**時に超人的な法力を使って各地に伝説を残した「空海」も、斎重城の血を引いています。**彼の幼名は佐伯真魚《さえきまお》といい、斎重城の教えを受け継ぎ、星を読むことにも長《た》けていたそうです。

空海がのちに遣唐使として中国に渡った際、他の船は難破したにもかかわらず、彼の乗った船は現地までたどりつけました。

斎重城は「さえぎる」の語源にもなっていますが、**海人族の末裔《まつえい》だった空海は、海の力を借りて結界を張る方法を知っていたと伝えられています。**

つまり、やまと人の叡智《えいち》によって、空海は密教を日本にもたらすことができたのです。

そんなやまと人の拠点のひとつとして後の世にも栄えたのが、世界遺産がある奥州（岩手県）の平泉です。

時代は下りますが、平安時代に平泉を治めていた**奥州藤原氏は、そこを拠点としてユーラシア大陸の人々と交流し、海洋貿易によってさまざまな物品や文化を輸入しました。**平泉の中尊寺や毛越寺に残る仏教美術を見ると、当時の繁栄をありありとイメージできるでしょう。

このように、日本には古くから平泉のような拠点が各地にあり、海外と交流しながら発展してきたのです。

日本の歴史を覆す「秘伝書」は香取神宮にあった

私たちの祖先が、じつは大海原を渡って海外の民族と対等に渡り合い、時には畏怖の念さえ与えながらダイナミックに活躍していた。

このように知って、あなたは心が躍ったでしょうか。それとも、「本当かな」「実感が持てないな」と首をかしげたでしょうか。

いずれにしても、これは単なる推測ではありません。

長年受け継がれてきた文献がいまに伝える事実です。

この事実を記している秘伝の書を初めて手にしたとき、「これは、すごい情報に出会った」と私は直感し、興奮を覚えました。

大げさだと笑われるかもしれません。しかしそれは、人間に意識変容をもたらすために、古今東西の宗教や哲学、伝承、そして最先端の科学を20年以上研究してきた私にとって、まさにシフトともいえる発見でした。

なぜなら、**これまでの探求で得た叡智の根源が、いにしえの日本にあったという事実が、その文献によって証明されたからです。**

この本でお伝えする真理が先人によって大切に受け継がれ、また、他でもないこのタイミングで世に出る必要があった。そのことを理解していただくために、私がこの文献を手にした経緯を改めてお話しします。

七澤賢治先生が亡くなってしばらく経《た》ったころでした。

先生の教えを後進に伝えるべく、その成果をまとめようと残された資料や蔵書を調べていたときのことです。先生専用の書庫で、ある本がふと目にとまったのです。

「そういえば、先生はこの本を大事にされていたな」と手に取って読みはじめてすぐ、私は目を見張りました。そこには、日本語の本質を研究した言霊《げんれい》学の原点ともいえる情報がびっしり書かれていたからです。

そのなかにあったのが、先ほどの倭人海人族についての詳細な記述です。

本の名前は、『弥生の言葉と思想が伝承された家』。

茨城県の鹿島神宮、千葉県の香取神宮に伝わってきた秘伝書『弓前文書《ゆまもんじょ》』を読み解いた研究書でほぼ手に入らない書物でした。

著者は、香取神宮の神職の家系に生まれ、中津弓前《なかつゆま》一族の末裔で、文書の研究を続けた池田秀穂氏。

『弓前文書』とは、藤原鎌足や藤原不比等などを輩出した藤原家の系統に残され、鹿島、香取、とりわけ香取神宮に保管してあった一連の文献です。

香取神宮の神職の家系で、ながらく絶対極秘とされてきた秘伝書だったのですが、池田氏は、この書をいまこそすべての人の目に触れるべきだと考えました。

そして遂《つい》には、命をかけ失明するという苦難に遭いながらも長年研究しつづけ、書籍化したのです。

本には、『弓前文書』に伝えられた私たちの先祖であるやまと人の本質的な生き方が克明に記されていました。

それは、私たちの認識を１８０度変えるだけでなく、日本の歴史を覆す可能性さえある衝撃的な内容でした。

この本でお伝えするのは、そのなかでもっとも核になる部分であり、これまでの生き方が一変する情報です。

学術書とご神託によって導かれる宇宙とつながる「縁結び」

私はさらに研究を深めるべく、関連書を読み漁《あさ》ったり研究者とのつながりを深めたりしていきました。

そのなかで、浮かび上がってきた新たな文献が、**『儺《な》の國《くに》の星』『儺の國の星拾遺《しゅうい》』という、九州大学の校閲が入った学術書でした。**

この本も、鹿島神宮、香取神宮にながらく受け継がれてきた秘伝の書を読み解いた研究書で、発行元は福岡県那珂川町。

著者の真鍋大覚氏もまた、鹿島神宮の神職の家系に生まれた方でした。

発行部数が少なく入手困難な本でしたが、導かれるような出会いによって手に入れることができたのです。

ところが実際に手にしてみると、その内容は古代から受け継がれてきた言霊学の知識がないと真の意味を理解できない難解なものでした。

これまで得た知見を総動員して読み解いてみると、先述の『弥生の言葉と思想が伝承された家』を補完してあまりある稀有な情報がそこにはあったのです。

他にも、多数の文献、研究者、学術書にあたり、私は**古神道が生まれるずっと前から日本に存在した根源の教えに触れていきました。**

研究を進めていくなかで、数々のソースから得た学術情報を見えない世界から補強する出来事が起こりました。日本の最高峰ともいえる、とある聖地でひとつのご神託が降りてきたのです。

くわしいいきさつは省きますが、ある神事によって、そのご神託はもたらされました。それは、このような内容でした。

この続々と集まっていた古代の叡智こそ、
これからの日本人の生き方を示すものであり、
ひとりでも多くの人に伝えていくべきものである。

この結びのための叡智は、
世界レベル、地球レベルでの〝危機〟を迎えているいまだからこそ、
私たちの意識の進化のために明らかになったもの。

それが、先ほどお伝えしたやまと人の生き方であり、この本でこれから明らかにしていく縁結びの方法。
日本のすべての教えの源流にある、もっとも古くてもっとも新しい現実創造のしくみです。

やまと人は宇宙とつながり、結びの力で現実を作っていた

さっそく文献から明らかになった驚くべき事実をお伝えしましょう。
そこには、このような意味のことが書かれていました。

やまと人はみな宇宙とつながっていた。
そして、そこにある結びの力を使って、現実を作っていた。
その生き方は愛と叡智にあふれ、創造性に満ちたものだった。

しかも、それは特別な修行や努力を必要としませんでした。
あたかも自然に呼吸するように、彼らは宇宙に満ちた結びの力を使い、「いま」を自由自在に生きていました。

そのような生き方を可能にしたものこそ、この本で私たちがアプローチしようとしている「アンドロメダ銀河」なのです。

察するに、いまあなたはきっとこう思っているはずです。

「太古の人たちが宇宙とつながり、現実を作っていたなんて唐突すぎる」

「銀河とつながるなんて、あまりにも非現実的だ」

これはいままで誰も明らかにできなかった概念ですから、疑問や戸惑いが起きるのはよくわかります。

いまはまだ違和感を覚えて当たり前ですから、ご自身で検証するつもりで、そのまま読み進めていってください。

しかし、この本を読み終わるころには、あなたもこの事実に深く納得しているはずです。そして、あなた自身が持っているその力に気づき、目の前に広がる大きな可能性に胸を躍らせているでしょう。

祭祀や天皇と大きく関わる銀河がある

お話ししてきたように、やまと人は、大海原で天を仰ぎ、潮の流れを読みながら海流に乗って、朝鮮半島や中国大陸、遠くは東南アジアまで渡っていきました。

彼らにとって、このうえなく大切だったものは何でしょうか。

それは、天体の動きです。目印のない海上で星々の位置は、唯一の頼りでした。

彼らが天体と親しみ、深くつながってその力を得ていったのは必然のことでしょう。やまと人が別名、天族と呼ばれたことからもそれはわかります。

数ある星々のなかでも、やまと人にとって特別な存在だったのが、アンドロメダ銀河です。

縄文時代の日本人とアンドロメダ銀河。

両者が深く関わっていたといわれてもピンと来ない人が多いでしょう。

しかし、**アンドロメダ銀河は古代日本で「太歳《たいさい》」と呼ばれ、祭祀《さいし》や航海の目安として、重要な存在となっていました。**

アンドロメダ銀河は、地球から約２５０万光年離れたところにある銀河。地球が属している天の川銀河は直径10万光年なのに比べて、アンドロメダ銀河の直径は22万光年。倍以上の大きさです。

肉眼で見える星は６等級までですが、アンドロメダ銀河は４・４等級。**地球からしっかり目視できます。**

空気の澄んだ場所では日本でも見ることができ、私も長崎県の壱岐島で実際に見て感動しました。大気が澄んでいた古代は、**月の5倍ほどの大きさに見えていた**という研究報告があります。

世界の歴史でアンドロメダ銀河が初めて登場するのは、９６４年。ペルシア人の天文学者が「小さな雲」と文献に記載していますが、**やまと人は、その何百年も前にアンドロメダ銀河の存在を知っていたのです。**

そもそも太歳とは、いにしえの世で大君《おおきみ》と呼ばれた天皇が暦法を選ぶ儀式を指すものでした。

201年、春分のことです。神功皇后の摂政就任に伴い、太歳が執りおこなわれようとしていました。

ところがこの日の太歳は、奇《く》しくも日食と重なっていたのです。日食が始まると次第に空が暗くなり、真っ暗になった天空にアンドロメダ銀河の荘厳な光が浮かび上がって燦然《さんぜん》と輝きはじめたといいます。

そこから、**アンドロメダ銀河は太歳の星、あるいは、太歳と呼ばれるようになり、人々の心のよりどころとなっていったのです。**

『日本書紀』では、各天皇元年に「太歳」と書いて干支が記されたともあります。これは、**天皇が時空を制する者、つまり、時（暦）を定める者であることを意味します。**

アンドロメダ銀河の存在は、古代において祭祀や天皇と大きく関わる重要なものだったのです。

八幡宮とアンドロメダ銀河の摩訶不思議な関わり

文献からは、やまと人とアンドロメダ銀河の密接な関係が読み取れます。
アンドロメダ銀河には、太歳の他にもいくつもの呼び名がありました。
千歳の星、千年の星、大覚、大嶽、獅子の星、太宰の星、八幡《はちまん》、高木神《たかきのかみ》などです。

そのなかで注目したいのは、「八幡」と「高木神」という名前です。

八幡は文字通り、神社の八幡宮のこと。八幡は、中東の古い言葉「ハッティ」から来ており、もともとは衣装が風にひるがえる様子を表したそうです。
アンドロメダ銀河の姿が、夜空で円を描いて舞うように見えることから名づけられたといわれています。

八幡宮には、ご祭神としてアンドロメダ銀河と縁の深い、神功皇后が祀《まつ》られています。

また空海が唐への航海の安全を祈り、帰国後にお礼参りをした神社は、八幡宮の総本宮である**大分の宇佐八幡宮**だったといわれます。

八幡と呼ばれたアンドロメダ銀河は、いまも八幡宮という形で私たちとつながっているといっていいでしょう。

神社本庁がおこなった調査によると、鶴岡八幡宮や石清水八幡宮などをはじめとした八幡神社は全国に約7800社もあり、日本に存在する神社のなかでもっとも多い数です。

このように、私たち日本人にとって、いまもアンドロメダ銀河が身近に存在しているのです。

創造の神タカミムスビノカミがアンドロメダ銀河の理由とは?

アンドロメダ銀河が「高木神」と呼ばれていたことも、重要な示唆を与えてくれます。高木神は、神道では別名タカミムスビノカミ（高御産巣日神）といいます。

この名前を聞いて、ピンと来る人もいるかもしれません。タカミムスビノカミは、『古事記』において天地創造の際、最初に登場する造化三神《ぞうかさんしん》の一柱です。

造化三神はこの世の創生に関わり、森羅万象の根源ともいえる重要な神々で、他にアメノミナカヌシノカミ（天之御中主神）、カミムスビノカミ（神産巣日神）がいます。

なぜやまと人は、タカミムスビノカミというすべての事象を生み出す神の名を、アンドロメダ銀河につけたのでしょう。

答えは彼らが、アンドロメダ銀河を自分たちの祖先、もっといえば、自分たちを生んでくれた存在そのものだと捉えていたからです。

これもまた、文献が明らかにしていることです。**記録には、アンドロメダ銀河は創造神タカミムスビノカミであると記されています。**

つまりやまと人は、天に輝くこの銀河があるからこそ、自分たちが存在すると知っていたのです。

現実を作る結びのエネルギーがある場所

もしあなたが日本神話に興味があったとしたら、ここである疑問が浮かんだかもしれません。

「自分たちを生んだのは、アメノミナカヌシノカミなのでは？」

たしかに、『古事記』で最初に登場する神はアメノミナカヌシノカミです。

神道では、すべての根源の神はアメノミナカヌシノカミであると考えられています。ただし、正確にいうならば、アメノミナカヌシノカミは「エネルギーそのもの」を生み出すもとの存在です。実体はなく、はっきりとした形を作る存在ではありません。

最初にこの世に〝形〟をもたらす神は、まぎれもなくタカミムスビノカミです。

タカミムスビノカミももちろん実体はなく、エネルギーそのものです。

しかし古代の人は、**アンドロメダ銀河のエネルギーに物事を形作る働き、つまり、現実を作る結びの力を感じ取っていました。**

もっといえば、やまと人は、タカミムスビノカミからあらゆるものが生まれると知っていました。だからこそ、アンドロメダ銀河をタカミムスビノカミと呼び、自分たちのよりどころとしてつながっていったのです。

世界を作るタカミムスビノカミは、やまと人にとって、いわば時空を生む神、根源の神でした。

時空を生むとはどういうことでしょうか。現実の世界は、「時間」と「空間」からできています。言い換えれば、この2つをどう扱うかで現実が作られます。つまり、**時空をコントロールできれば、望み通りの結びが働き、願いが形になるのです。**

アンドロメダ銀河は、その時空を自在に生む存在です。

ですから、**アンドロメダ銀河と縁を結べば、常識では考えられないことが起き、ありえない現実さえも作れます。**だからこそ、アンドロメダ銀河は根源の神であるタカミムスビノカミそのものだといえるのです。

このしくみに気づいたやまと人は、アンドロメダ銀河とつながり、結びのエネルギーを発動させ、自由に現実を作っていたのでした。

ちなみに、前作『成功の秘密にアクセスできるギャラクシー・コード』では、天の川銀河の中心のブラックホールにつながることで現実を創造する方法をお伝えしました。そのブラックホールの象徴が、アメノミナカヌシノカミです。

この本では、さらに**天の川銀河のブラックホールを突き抜け、アンドロメダ銀河（タカミムスビノカミ）につながり、より壮大なスケールで現実をみずから作っていく方法**をお伝えしていくものです。

アンドロメダ銀河と天の川銀河はつながっている

ここまで、古代の文献からアンドロメダ銀河とやまと人の関係をひも解いてきました。あなたのなかに、これまでとは違った日本の姿、新たな日本人像が浮かび上がってきたのではないでしょうか。

やまと人が、当たり前のこととして知っていた事実が、もうひとつあります。

それは、**天の川銀河とアンドロメダ銀河をエネルギー的に見れば、メビウスの輪のようにつながっているということ。**

250万光年も離れた銀河がつながっているとはどういうことか。

まず、宇宙物理学の研究から、2つの銀河の関係を読み解いていきましょう。

あなたは、天文学において、次のような予測が出ているのをご存じでしょうか。

地球が属している天の川銀河とアンドロメダ銀河はお互いに引き合っていて、その距離は年々縮まっている。このまま進むと約40億年後には衝突し、その後、20億年かけてひとつの巨大な銀河となる。計算によれば、いまも2つの銀河は秒速300キロメートルで近づいている……。

これは、天文学では周知の事実で、**2つの銀河が合体してできる新たな銀河は「ミルコメダ」と名づけられています**（ミルコメダで動画検索すると、NASAをはじめ各研究機関が制作したCG映像が公開されています。興味のある方はご覧ください）。

40億年後といわれても、もちろん実感は持てないでしょう。

しかし天の川銀河、もっというなら、私たちの住む地球とアンドロメダ銀河が引力でつながり、いまこの瞬間も近づきつつある。これは事実です。

新しい現実が生まれるとき、銀河で何が起こっているのか？

では、宇宙全体に視野を広げてみましょう。

宇宙には、わかっているだけでも2兆個もの銀河があるといわれています。

そのなかで、なぜ天の川銀河とアンドロメダ銀河が対をなす関係なのか。

この問いに関しては、まだ明確な答えは出ていません。ただ宇宙の構造として、いくつかの銀河は別の銀河とペアになり、お互いに引き合っているという研究結果が出ています。

つまり、2つの銀河がメビウスの輪のように結ばれているからこそ、お互いの形を維持できている。言い換えれば、**ペアであることによってお互いの存在が成立している。そのような構造が宇宙にはあるのです。**

天の川銀河とアンドロメダ銀河。2つの銀河のエネルギーもメビウスの輪のようにねじれ、引かれ合いながらつながって循環しています。

この現象をエネルギーレベルで地球側から見ると、**アンドロメダ銀河が存在しなければ、天の川銀河は成立しないともいえます。**

なぜなら、アンドロメダ銀河の引力によって、天の川銀河は均衡を保ち、分裂せずに済んでいるといえるからです。

対になっている両者は、プラスとマイナス、陰と陽の関係にあります。

たとえば、人間をはじめとする動物も男性と女性、オスとメスのどちらかだけで存在することはできません。

異なる性質を持つ2つの存在があってこそ、お互いが存在し新しい命が結ばれる。

これが宇宙の法則です。

この法則が何を表すのかというと、**天の川銀河とアンドロメダ銀河の両者が対になり、つながりあうことで「新しい現実が生まれる」ということに他なりません。**

それを彷彿《ほうふつ》とさせる記述が、古代の伝承にも記されていました。

天の川銀河とアンドロメダ銀河は、それぞれ「男性的なエネルギー」と「女性的なエネルギー」を互いに持ちながら、つながっていたのです。

地球にいながらアンドロメダ銀河とつながる

まとめると、次のようになります。

私たちを取り巻く宇宙では、陰と陽、正と負の2つのエネルギーがメビウスの輪のように循環している。そのなかで結びの力が働き、現実を創造している。

この法則は当然、私たちが住む地球上にも、天の川銀河にも働いています。

人間はこれまで、その法則のなかでどうにか最善を尽くし、幸せになろうとがんばってきました。たとえば、中国の易や九星術などいにしえより伝わる運命学は、この法則を読み解いて人生にいかすものです。

しかしこれからは、やまと人がそうしていたように、**天の川銀河を越えて新しい現実を創造する時代です。**

天の川銀河も十分に広く、また可能性に満ちた空間でした。

ただ、この銀河のルールで時代の変化に対応できるかというと、厳しいといわざるを得ないでしょう。

では、天の川銀河を飛び出し、アンドロメダ銀河とつながると何が起きるのでしょう。

この地球での常識や価値観の枠組みにとらわれない、自由な世界が展開しはじめます。時空を超えたとしか考えられない出来事が起こります。

その理由は先ほどお話しした通り、タカミムスビノカミであるアンドロメダ銀河が、時空を超えて現実創造できる存在だからです。

いまはまだ、そんなことは夢物語だとしか思えないかもしれません。光の速さで250万年もかかるアンドロメダ銀河とつながって現実を作ろうというのですから、それは当然の反応です。

しかし、もちろんアンドロメダ銀河まで行く必要はありません。

誰もが、脳内で地球にいながらにしてアンドロメダ銀河とつながること、つまり、宇宙と縁を結ぶことができるのです。

脳の知られざる可能性、アンドロメダ銀河とつながるしくみや方法については、2章以降じっくりお話ししていきましょう。

人間量子コンピュータになって宇宙とご縁を結ぶ

アンドロメダ銀河とつながったやまと人の脳とは、どんなものだったのでしょうか。

彼らの脳は、「人間量子コンピュータ」と呼ぶに値するものでした。

量子コンピュータの性能とは、これまでのコンピュータとはまったく次元が違います。

量子コンピュータの処理能力は、平均的なスーパーコンピュータ（以下、スパコン）の100万倍以上ともいわれています。ある試算によると、スパコンが5年かかる計算を量子コンピュータはわずか3分でこなすといいます。

コンピュータの脳ともいえるCPU（中央演算装置）の搭載数で比較するとどうでしょう。

パソコンには、CPUがひとつしか搭載されていませんが、スパコンは数千個から数万個を同時に動かして高速化を実現しています。一方、スパコンのなかでもトップクラスの「富岳」は16万個のCPUを搭載しています。

その「富岳」がまったく足元にも及ばないレベルの性能を持っているのが、量子コンピュータです。

これはあくまでもある時点での試算に過ぎません。日進月歩のスピードで研究が進んでいるので、その性能は今後飛躍的に伸びていくでしょう。

そのような量子コンピュータになれる可能性を、私たちの脳は秘めています。

そして、量子コンピュータになることこそが、宇宙と縁を結ぶ方法なのです。

やまと人の子孫である私たち現代人の脳も、そのような能力を持っています。

当然、すぐにはうなずけないかもしれません。しかし、人間の脳はスパコンよりはるかに優秀であることが研究によって示されています。

２０１３年、ドイツの研究機関と日本の沖縄科学技術大学院大学、理化学研究所がおこなった共同研究によると、**人間の脳は1秒間に、なんとスパコン「京」（CPU8万個）がおこなう演算処理40分（2400秒）分の活動をおこなっていることがわかりました。**

そもそもスパコンの計算速度は、パソコンの数百倍から数十万倍ともいわれています。かつて、その最高峰であった「京」をはるかに凌駕《りょうが》する能力を、私たちの脳は持っているのです。

ただし、あくまでもこれは人間の脳にある約17億個の神経細胞と、その隙間にある約10兆個ものシナプスがすべて正常に機能した場合の話です。

ある研究によると、人間はそんな脳の機能をわずか4％しか使えていないといいます。いま機能していない残りの96％の領域を使いこなせるようになれば、想像を超えた世界が広がるのはいうまでもありません。

量子コンピュータ並の力を発揮するとは、別のいい方をすると、時空を超える能力を持つということです。

大げさだと思うかもしれませんが、このように捉えてみてください。

先ほど、現実を作るのは時空を制する者だとお話ししました。

量子コンピュータの驚異的な能力があれば、数年かかる計算も数分で終わります。

別の言葉でいえば、時間をワープして新しい空間へと移動するようなものです。

そういった能力を使いこなせるようになれば、まさに時空を超越した速さで現実化が進んでいきます。

つまり私たちが眠らせているポテンシャルを目覚めさせれば、時空を超える感覚で現

実を変えていけるというわけです。

その方法は、3章でくわしくお話ししていきましょう。

優れた脳機能を発揮するには心身ともにリラックスすること

ところで、なぜ彼らが優れた脳機能を持っていたのでしょうか。

さまざまな要因がありますが、**そのもっとも大きなものは、彼らが心身ともにリラックスしていたことでしょう。**

やまと人は海洋民族として、多くの時間を海の上で過ごしました。彼らの多くが乗っていたのは木製の小さな舟です。

大小の波が立っている海上で、常に小舟は揺れつづけます。当然、四六時中バランスを取っていなければなりません。また、いつ大波が押し寄せるともわからないので、気を配りつづける必要があります。座っていても体の重心を安定させるよう、無意識のうちに微妙な調整をしなければなりません。

そうやって、**海のこまかな振動に合わせて無意識で重心を整えているうちに、体の動きを制御する脳もそれに合わせて、微細に振動します。**

すると、自然に左右の脳が活性化するのです。

さらに、物事の変化を察知する鋭い感性が育ちます。また、発想が自由になり、豊かなインスピレーションが湧くようになります。

波の微妙な動きに同調し、自分自身が発する周波数も細やかなものになるので、他者に対する繊細な感性が育まれ、コミュニケーション能力も上がりました。

また、大波が押し寄せて舟が揺れたり転覆しそうになったりした際に、即座に対応できる体の使い方ができる。いつ動くかわからない環境にいることで集中力も培われる。このような能力が身につきました。

これはあなたも心当たりがあるかもしれません。

常にバランスを取っていなければならない自転車や電車などに乗っているとき、ふとインスピレーションが湧くことはないでしょうか。**それは、舟の上にいるときと同**

じような状態になり、無意識のうちに脳が活性化しているからです。

ですが、四六時中、舟の上にいたやまと人たちと、現代の私たちでは、脳の稼働率が違って当然。

常にこのような状況になっていると緊張するような気がしますが、**逆にどんな状況でもリラックスできるようになります。**

たとえば、緊張や不安があるときは、トラブルがあったり人から強く言われたりすると、心がすぐポキッと折れてしまいます。

しかし、自分自身が心身ともにくつろいでいると、アクシデントや理不尽な振る舞いもスッといなせます。竹が重い雪をしなやかにはねのけるような強さや、簡単にはあきらめない粘り強さが育つのです。

誤解のないようにいうと、本当のリラックスとは、脱力し切ってダラッとしている状態ではありません。**力を抜いてもいないし、逆に、力を入れてもいない。「力を入れる、入れない」といった意識から自由になった状態です。**

ふだん、緊張を強いられることが多い私たちが、その感覚をすぐ体得するのは難しいかもしれません。しかし、そのような世界があるのだと知っていれば、そして、自分のなかに、その感覚で生きたやまと人の遺伝子があるとわかっていれば大丈夫。

とはいえ、なかなかこの舟にいるような状況は難しいと思われるかもしれません。

そこで、この本の収録音源です。この音源はエネルギーレベルでの変化を自然に起こし、心身ともに、真の意味でリラックスできるよう設計されています。

不安や緊張が高まったときはもちろん、日常的に流すと、ストレスを手放し心からくつろげるようになるでしょう。

やまと人の「脱力・呼吸・中心力」は武術の基本

やまと人の研究をしていると、彼らが優秀な武術の使い手だったこともわかってきました。

彼らが海という訓練の場で身につけたのが、「脱力・呼吸・中心力」です。

舟の上では、波に備えるために次の3つが必要になります。

・即座に動けるよう、脱力していること（脱力）
・丹田で呼吸していること（呼吸）
・バランスを保ち、中心線をずらさないこと（中心力）

実際にやってみるとわかるのですが、肩に力が入ったり呼吸が浅かったり、重心がずれていたりすると、押されたらすぐに倒れてしまいます。

ですから、しなやかな体の動きには、この3つの力が非常に重要です。そして、不安定な舟の上での生活は、この3つの力を養うために最適だったのです。

やまと人は、海上で強靭《きょうじん》さを誇っていましたが、それは陸の上でも変わらず、並外れた実力で日本を治めていきました。

格闘技や武術の基本も、「脱力・呼吸・中心力」の3つにあります。

今回、研究を進めるなかで、**やまと人が原点ともいえるような、舟の上で編み出された武術や格闘技がいくつもあることがわかりました。**

たとえば、中国の南拳や洪拳は、舟の上で戦うことを前提に生まれた拳法で、フランスやロシアにも似たような武術が存在します。また、沖縄の空手の型である三戦《さんちん》も、舟上での立ち方が基本となっています。

どんな状況にもしなやかに対応したやまと人の体の動きをいまに伝えているのが、伝統的な舞の技法である「筑紫舞《つくしまい》」です。

この舞は、神道における祓《はら》いの原点ともいえるような古式ゆかしきもの。

独特な動きによって神とつながり、人々の罪穢《けが》れを祓いました。

やまと人の遺伝子を呼びさますには「決める」だけ！

あなたはいま、もしかするとこう思っているかもしれません。

「やまと人はたしかに素晴らしいけれど、自分に同じことができるとは思えない」
「理論はわかるが、実際にそんな能力を使えるのだろうか」

ここで、この先を読み進めていくうえで大切なことをお教えしましょう。

遺伝子の奥底に眠っているそれらの情報をオンにする。もっと正確にいえば、**自分のなかにあるやまと人の遺伝子を呼びさます。そう決めてください。**

古代からの秘められた力は、どこにあるでしょうか。

それは、私たちの遺伝子のなかです。

人間の潜在能力は、魂や無意識のなかに眠っているという考え方もあります。しかし、「魂」や「無意識」が抽象的な表現だということは否めません。

具体的にはどこかというと、**答えは、人間の体や脳、意識すべてに影響を与える遺伝子のなかです。**

もちろん、遺伝子も肉眼では確認できません。

しかし、遺伝子が私たちの生まれ持つ性質や行動に大きな影響を与えていることを否定する人は、もはやいないでしょう。

遺伝子に入っているのは、先祖の情報だけではありません。

私たちが人間として存在する前の太古の生物だったころの記憶、さらにいえば宇宙の記憶さえ遺伝子には眠っています。

それらの情報をオンにする。やまと人の遺伝子を呼びさます。

それは「決めればいい」のです。

ただし、「絶対に、そう決めなければ」と力む必要はありません。

というのも、眠っている遺伝子にアクセスするには、決めることと同じくらい「リラックスすること」が必要だからです。

これまでの時代は、努力したり、がんばったりして目的を達成するやり方が主流でした。また必死で奮闘している人が評価される風潮がありました。

しかし、むしろその逆です。

がんばると手に入らない。そんな時代に入っています。

完全にリラックスした状態のとき、私たちはやまと人の遺伝子とつながれます。

眠っていた遺伝子が目覚めます。

すべてを受け入れてリラックスする。これは収録音源を聴く重要な目的のひとつでもあり、音源がもたらしてくれる大事な効果のひとつです。

やまと人は私たちのルーツ。「赤の他人」ではありません。

日本人であれば、誰もが海洋民族だったやまと人の遺伝子を持っています。さまざまな部族がいた縄文初期の日本を平定し、日本中に広がっていったのがやまと人だからです。

大平原の騎馬民族やヒマラヤの山岳民族のやっていたことをやれと命じられたら、一から学ばなければいけませんが、そうではないのです。

もっというなら、私たちの先祖は10代さかのぼると1024人。30代さかのぼると、約10億人もの先祖がいることになります。もちろん、そのなかには多種多様な民族がいます。

しかし、日本人のコアな部分を占めるのはやまと人の遺伝子です。そして、その遺伝子をオンにすれば、自動的に先祖の生き方、先祖の脳になれるのです。

さあ、やまと人の遺伝子を呼びさまし、宇宙と縁を結ぶと決めていただいたでしょうか。知識を得ることによって、意識の変化が起きはじめます。

いまお話ししていることは、すべてあなた自身が証明できることです。自分でそれを証明するのだという意図を持って、読み進めていただきたいのです。

すると、脳はその通りに働きはじめます。

次の章では、さらにくわしく現実化のしくみについてお話ししていきましょう。

2章

願いをかなえる「結び」を起こすための本当の「お清め」

HOW TO CONNECT WITH THE GALAXY

結びには「生み出す」と「切り離す」の真逆な意味がある

「結び」という言葉には、2つの意味があります。

ひとつは、結ぶこと。もうひとつが、離すことです。


真逆な意味ですね。

その説明のためには、まず結びの成り立ちからひも解いていきましょう。

結びは本来「むつぴ」といいましたが、のちに転じて「むすひ」になり、「むすび」になりました。

神道では、「産霊《むすひ》」と書きます。

この「産」の字には、**物事を「生み出す」**という意味があります。

しかし同時に**「切り離す」**という意味も持つのです。

たとえば、出産によって赤ちゃんはこの世に生まれますが、母親の子宮からは切り離されます。

つまり、**この世との結びと、子宮との切り離しが同時に起きる**わけです。

このように、何かを生み出すには、もともと一緒だった2つのものを切り離して、新たに別のものとくっつけなければなりません。

その際、過去に一緒だったものは、当然離れることになる。

そこで初めて、新しいものとの結びが起こるわけです。

ちなみに、産霊の「霊」は、もともとあった「ひ」の音に中国から渡ってきた漢字をあてたものです。古代の日本語は、もともと「音」のみでした。そこに中国から入ってきた漢字をあて、読み方を表しました。

結びのこの2つの真逆な真意とは、**新たな状況を生み出すには、不要なものとの縁を切る必要がある。**あるいは、自然に切り離されるということです。

もし、幸せな人間関係を結びたいのなら、自分を不幸にしたり足を引っ張ったりする人たちとは別れる必要があります。

新しい仕事で活躍したいなら、いまの仕事を手放さなければ、願いはかないません。さらに、望む自分になりたいなら、過去の自分とは別れる必要があるのです。

結びの意味をこのように多面的に理解していくと、現実化が早くなっていきます。

引き続き、さまざまな観点から、結びについて見ていきましょう。

神道の儀式は結びの力を働かせていた

神道では、結びの働きをどのように捉えているでしょうか。

簡単にまとめると、次のようになります。

宇宙全体、すなわち私たちのまわりには、物事を創造する結び（産霊）のエネルギーが存在している。

その結びが働くことによって現実創造が起こり、願いが現実になる。結びを働かせる要素が「意志」であり、その意志を表すものが「言霊」である。

つまり、私たちのまわりにある結びの作用は、「意志」と「言霊」によって発動し、物事が現実になる。このように神道では捉えているわけです。

神社では神職が祓詞《はらいことば》や祈願文を唱えてご祈禱《きとう》をおこないますが、これは、言霊の力を神（宇宙）に届け、結びの力を働かせているということです。

祝詞や祓《はら》いの儀式などの神道の業はすべて、この結びの働きを具現化し、現実を生み出すためにあります。

この世のあらゆるところに存在する結びの力は、「引力」や西洋では「エーテル」などとも呼ばれます。ここでは普遍的な宇宙の働きと考えていただくといいでしょう。

神道ではすべてを祓い、そこから言霊を発して、結びの力を作用させます。

これは、永遠に変わらない現実創造の法則であり、私がこれまでお伝えしてきた白川神道のさまざまな秘儀も、このしくみに則《のっと》っています。

この本の収録音源も、この原則に従い、祓い清めと言霊の発信の両方がプログラムされています。

結びの作用について、具体的な事例から考えていきましょう。

たとえば、目の前にガラスのコップがあるとしましょう。

ガラスは、ケイ素など特定の原子が化学結合した結果できています。この化学結合は、結びの働きそのものです。もちろん、ガラスからコップを作った人間の働きもまた、結びのプロセスです。

水も、酸素と水素の原子が結ばれてできたものですし、その原子自体も、陽子と電子と中性子の結合により構成されています。目に見えない空気も、酸素が結ばれたからこそあるのです。また、コップという言葉自体も「コ」「ッ」「プ」の3文字が結びついて成立しています。

つまり、**結びの力なしにコップは存在していません。もちろん、目の前にあるすべてのものに同じことがいえます。**

他ならぬ私たちの体そのものが、結びの働きによって存在しています。

How to Connect with the Galaxy

人間の体を構成するのは、水分やタンパク質、脂質、ミネラルなどです。さらに分解すると、それらは酸素や炭素、水素などのさまざまな元素になります。その元素がバラバラであれば肉体はできません。つまり、特定の元素が結合した結果、体が成立しているのです。

ありがたいことに、私たちが意識しなくても、常に心臓が動いて体中に血液を巡らせてくれています。そして、食べたものを消化吸収し、呼吸によって酸素を供給しつづけています。いうまでもなく、これも結びの働き以外の何者でもありません。

さらにいえば、森羅万象すべてが結びによって成り立っています。

私たちの一日一日、いや、一瞬一瞬が結びの力によって成り立っている。この事実が、結びの力がどこにでも働いているということを如実に証明しているでしょう。

アファメーションで願いがかなわないのは「言霊」が発動しないから

結びのためにもっとも大切な概念が、言霊です。

ここで改めて、言霊とは何かについて考えていきましょう。

言霊というと、「言葉の力」という捉え方が一般的ではないでしょうか。

日本では古くから、言葉には力が宿るといわれ、いまでも、「いい言葉を使うと、いいことが起こる」「願いを言葉にするとかなう」と考えられています。

あなたも「願望を書いたり唱えたりすると願った通りになる」「ありがとうを1万回唱えると願いがかなう」などと聞いたことがあるかもしれません。アファメーションも自己啓発のジャンルでは定番ですね。

たしかに、そういった方法で願いをかなえられるケースもあるのは事実です。

ただ、この方法で言霊の力が発動するわけではありません。

たとえば、「ありがとう」と唱えるのは、単に「言葉」にしているだけです。

もちろん「ありがとう」という言葉自体は素晴らしいものですし、唱えることに異論があるわけではありません。

しかし、そこに自分の欲や執着が混じっていたらエネルギーは重くなります。

厳密にいうならば、重いエネルギーをまとった言葉は「言霊」としては機能しないのです。

また、願いを何度も書いたり唱えたりすることにエネルギーが使われるため、実際の行動に結びつかず、現実化は起こりにくくなるという側面もあります。

このようにお話しすると、自分が思っていた言霊のイメージとは違うと、戸惑うかもしれません。たしかにいま、「言霊」という言葉は、かなりカジュアルに使われています。

しかし、**この本で用いている言霊、古代から受け継がれてきた本来の言霊の意味は、まったくといっていいほど違うのです。**ここも宇宙と縁を結ぶために重要なポイントですから、しっかり理解していきましょう。

結びが発動する言霊とは口に出す寸前

そもそも言霊とは何かというと、**1万年以上前に生まれたといわれる日本語の五十音一つひとつに宿った「現実創造のエネルギー」**です。

そして、神道の世界でこのエネルギーを研究してきた学問が言霊《げんれい》学です。

言霊学では、五十音はすべて特定の日本の神、そして天空の星と対応している。つまり、日本語は対応する神々や星々の力を持つと考えます。

そのくらい日本語のエネルギーは大きな力と情報を持つのです。**その一文字ずつに込められた力と情報を使って現実を作る。**これが本来の言霊の使い方です。

そして、私たちは長年その力を研究し、最先端の科学によって発信する方法を使い、多くの実績を上げてきました（言霊の力についてさらにくわしく知りたい方は、拙書『あなたの人生に奇跡をもたらす　和の成功法則』をご覧ください）。

では、結びの働きを生む言霊とはどういうものかというと、**とてつもなく軽やかです。**表現が少し難しいのですが、**言霊がもっとも大きな力で作用するのは、「言葉になる前」の言葉だと捉えてください。**

思いが実際の言葉になるわずか手前の〝はざま〟で、フッと自然に湧いてくる〝言葉〟。**何かを言おうとして、口から「音」として発せられる寸前の〝言葉〟が、「言霊」となります。**

そして、その言霊が結びの力を発動させ、強力に現実を作っていきます。

そこには、人の欲や執着などの「念」が入り込む余地はありません。

言霊の「霊」とは、文字が音声化する手前の周波数を指します。その周波数を持つ言霊をいかに発するかが、現実創造の重要なポイントとなるのです。

いくら願いをかなえたくても、結びの働きが作用しないかぎり、何事も現実化することはありません。どんな言霊を、どのように発するかによって、結びを起こせるかが決まってきます。

How to Connect with the Galaxy

収録音源には、もっとも迅速に結びの働きを起こせる周波数の言霊が、最新の特殊技術によって入れてあります。すべての人にとって最適な結びが発動する言霊です。だから、「聴くだけ」「流すだけ」で結びの作用が働き、願いがかなっていくのです。

現実化を起こしやすくするには「澄身」になりなさい

やまと人は、そのような言霊を発する状態を「澄身《すみ》」と呼びました。**澄身とは祓われた心、澄み渡ったきれいな心。**そして、その心を持つ人間のことです。また、その人の魂が磨かれた状態です。

言霊学では「一音一義」といい、日本語の音にはすべて意味があると考えます。「ス」には、「透明」「空っぽ」の意味があり、ここから「すべての世界が生まれる」と考えます。

つまり、「すべての世界を生む体」が澄身なのです。澄身になって言霊を発すると、結びの作用が働き、その言霊が現実のものとなります。

澄身になることでエネルギーが軽くなります。

通常、人間の意識には一定の「重さ」があり、意識や視線をフォーカスしたところにエネルギーが集中し、そこに重さや対立が生まれます。

しかし澄身になると、エネルギーが軽くなるため、偏りがない状態になっていきます。

すると、意識の重さが発生しません。全方位、すべて同じ状態で存在します。

そのような状態では、結びの働きが生まれやすくなります。それで、現実化が起こりやすくなるのです。

住吉神社にまつわる「澄身」と「因育」

澄身になって発した言霊は、よい因縁を結ぶのです。それで宇宙の応援が自然に得られ、現実化へとつながるというわけです。

これを「因育《よち》」といいます。現在の「よろしい」の語源です。

よい因縁が働くとは、別の表現をすると、結びが実現するということです。

つまり、祓われた澄身の状態を作れれば因育が働き、現実化へと動きはじめるのです。

これは、結びの大切なしくみです。

澄身の状態になると、まず精神の調和が取れます。

そして、エネルギーが軽くなります。また、結びの作用がすみやかに働き、**普通ではありえないような出会いや、シンクロニシティが起こります。**

身近な例をひとつご紹介すると、先日、私が新事務所の物件を探しはじめたところ、あっという間にイメージ通り、**いやイメージを超える好条件のオフィスが見つかりました。**それだけでなく、そのオフィスが入っているのは、なんと「やまとビル」だったのです。やまと人を研究している私にとっては、まさにご縁がある名称で運命を感じたものです。

ちなみに、日本に約６００社あるといわれる**住吉神社は、この「澄身」と「因育」が語源になっています。**

住吉神社は航海の安全を守る神様として有名で、禊《みそ》ぎ祓いは、全国の住吉神社でおこなわれました。

多くは海の近くにありますが、これも海の民だったやまと人との縁を表しているといえるでしょう。

澄身になるには、過去のすべてを次に持ち越さないこと

では、澄身になるためにはどのようにすればいいでしょうか。

そもそも、私たち現代人が澄身の状態を作ることは可能なのでしょうか。

やまと人は、過去をすべて祓いました。

過去の感情を持ち越さなかったのです。

どういうことかというと、やまと人が海に出るときは、陸での記憶を船上に一切持ち込まないというルールがありました。

そして彼らは、そのための儀式をおこなっていました。

たとえば、陸の上で誰かといさかいを起こしたり、人に出し抜かれて悔しい思いをしたりしたとします。そのときの怒りや悔しさは、船に乗る前にさっぱり捨てるのです。

もちろん、悪いことだけでなく、「いいこと」もです。

たとえば、家族や集落の祝い事で心が浮き立っていたり、狩猟で仲間に認められてうれしかったりしても、すべて過去のこととして船に乗る前にすべて忘れます。

何十分もかかるような儀式ではなく、簡単なものだったようですが、過去を祓うことは徹底していたようです。**過去のことは過去のものとして置いていく。そうしなければ遭難するといわれていたと文献に記録されています。**

このように、澄身になって海に出たやまと人たちは、安全な航海や大漁という願いをかなえ、陸に戻ってきました。

さらに、陸に上がった彼らは、海で起きたこともすべて祓いました。

どんなに大漁だったとしても、陸地には持ち越さない。

よかったことも、過去のこととして忘れる。そうやって澄身の状態を保ち、因育へとつなげていったのです。

障りや穢れである「ジュミ」になっていませんか？

とはいえ現代人の私たちは、そうシンプルにはいきません。

職場でプライベートな人間関係や過去の嫌な出来事が気になったり、家に帰っても悩み事が頭から離れなかったりするものです。この状態をジュミといいます。

ジュミとは、「罪」の語源となった言葉で、障《さわ》りや穢《けが》れを意味します。

ジュミから澄身へ、どうすれば切り替えられるのか。

まずは、収録音源を流してください。

あなた自身と、あなたが身を置く空間を祓います。音源に組み込まれている言霊が過去を祓い清め、エネルギーの淀《よど》みを祓います。また、悩み事や不安を祓い、聴く人のエネルギーをジュミから澄身の状態へと変化させていきます。

プロローグで、**音源を聴くと「神道の行のお働き」があったとお話ししましたが、これも澄身に変化したからだ**と考えられます。

具体的にどんなことが起きたかというと、音源を流すと自然に体が動きはじめたのです。

私たちがおこなっている神道の行では、このように、ひとりでに体が揺れたり手足が動きはじめたりすることがよく起こります。

これは、祓いによって不要なエネルギーが解放され、細胞や筋肉が振動して起こる現象です。浄化が起きていることを表し、気功では「自発功」とも呼ばれます。

もし音源を聴いてそのような現象が起きた場合は、体が反応しているだけですから不安に思う必要はありません。状況が許せば、あえて動きを止めず自然な流れにまかせていればいいでしょう。

もちろん、人目などがある場合は体を動かさなくてもかまいません。

どちらでも、体内のエネルギーレベルで浄化が起きていることに変わりはないと理解してください。

強力な祓詞「大祓」のオリジン「神文」の言霊

音源との相乗効果を生むために、自分でできることをご紹介しましょう。

なにはともあれ、日々やっていただきたいのが祓い清めです。

祓い清めの最たるものといえば何でしょう。そう、祓詞です。

祓詞には、大祓《おおはらい》、三種祓《さんしゅのはらい》、一二三祓《ひふみのはらい》などさまざまなものがあります。

なかでも強力な祓詞が、大祓です。

これは「中臣祓《なかとみのはらい》」とも呼ばれ、本来は国の祓いのために作られ、海人族《あま》の末裔《まつえい》である限られた氏族だけが唱える祓詞でした。

かつては国のために唱えられたこの大祓が連鎖して、さらなる祓いの力となり、国全体、そこに住む人全体が清められていったといいます。

大祓は、それほど規模感が大きな祓いの力を持った言葉です。そして、その根源にあっ

た大本の祓詞が、「神文《かみふみ》」なのです。

収録音源には、この神文の周波数が入っています。

音を流すと即座に空間まで祓い清められていくので、自分自身を澄身の状態に保つのはもちろんのこと、なんとなく場の雰囲気が悪いと感じるときや、空気を一新したいときにも活用できるでしょう。

この神文は、1章でお話しした『弓前文書《ゆまもんじょ》』に書かれており、980文字で構成される長年秘されてきた貴重な祓詞です。

音源には、現代語と古代日本語の2種類の神文を言霊として封入しています。

しかし、特殊な技術によって人間の耳には聞こえない状態で封じ込めていますので、ここでは参考までに、**神文の古代日本語バージョンの一部をご紹介しましょう。**

「タカマパル　カムロキミユ　イツァナキヨ　ウツヂュケグマカ　プルクチミソユキ　パラペトノイィヲ　アポキパル　キヨメタモラム」

こちらは、「身禊祓」と「大祓」のもとになっている部分です。「タカマパル」からは、「高天原《たかまのはら》」という言葉が生まれました。「パラペトノイィヲ」は、「祓戸の神」に相当します。

この部分を唱えると心身のバランスが整い、その人本来の力が目覚める作用があるので、疲れたときや能力を発揮したいときに唱えてみるのもいいでしょう。

祓いの威力を高める宇宙は、五次元であり「高天原」

このとき大切なのは、「無限大の宇宙」をイメージすることです。

そう、文字通り**広い宇宙を思い浮かべるのです。すると、より迅速に穢れが祓われていきます。**

なぜ宇宙を思い浮かべると、祓われるのかご説明しましょう。

海にインクを垂らした状態を思い浮かべてください。

水の入ったコップにインクを数滴垂らすと、コップのなかは濁ってしまいます。
しかし広い海であれば、インクを数滴垂らしたくらいで濁ることはありません。
つまり、**意識を広げて大きな「場」を作れれば、自然に澄み切った意識へと変化できる**のです。

逆に、唱える際に日常生活の行動範囲しかイメージできていないと、祓われた穢れが身近で滞留しつづける可能性もあります。

ですから、広い宇宙空間を意識することは重要なのです。

正確にいうと、この無限大の宇宙は、物事を創造する無限の「場」を指します。
宇宙物理学では「五次元」とも呼ばれるものです。
五次元というとSF的な響きがありますが、これは宇宙物理学者のリサ・ランドール博士が提唱して話題になった概念です。五次元世界があることを証明した博士の著作は日本でもヒットしましたが、その理論は、学術的にも大きなインパクトを与えました。

すべての物事を生み出す「場」である五次元世界を、古代日本では「高天原」という

言葉で表しました。

この現実世界のあらゆるものを生み出す場、つまり現実創造の場が、高天原です。そこに意識を向けて祓詞を唱えると祓われるべきものが移動し、祓い清めが起こります。これは、どの祓詞を唱えるときも同じなので、ぜひ覚えておいていただきたいと思います。

正しい空間把握が祓い清めのカギ

ここでさっそく練習です。

広大な宇宙をイメージしながら、意識を広げていきましょう。

難しくありません。**あなたなりに広い宇宙をイメージすればそれで意識の場はサーッと広がります。**

広い宇宙をイメージすると、意識の大きな「場」が生まれます。

すると、見事にジュミの状態が祓われていきます。

一方、ふだんの私たちは、自分の周囲にしか意識を向けていない状態です。すると思考が硬直し、エネルギーも滞留します。

もちろん日常では、目の前の出来事や自分がやるべきタスクなどに意識を向けなければ、実生活は送れません。

しかし澄身になるためには、自分が生きる宇宙という場をきちんと認識し、把握しておくことが大切です。

正しい空間把握が祓い清めのカギになるからです。

いまの段階では、「宇宙に意識を飛ばすなんてできるのか」と疑問に思うかもしれません。そんなあなたに意識の世界の秘密をお教えしましょう。

思えば、そうなる。これが意識の世界です。

もちろん、いまは実感が湧かないでしょう。

意識のからくりについては徐々に明らかにしていきます。

この本を読み進めるなかで、あなたも意識が現実を作るしくみに目を見張ることになるでしょう。

過去でも未来でもない「中今」でいることが澄身になる

澄身になるために自分でできることを、引き続き紹介していきましょう。

理論を知って意識を変えることも大切ですが、結果を出すには実践も欠かせません。結びの働きをスピードアップさせるためにも、自分の感覚に従って日常生活に取り入れていってください。

神道には、「中今」の思想があります。

過去でも未来でもない、いまこのときに集中するという意味です。

私たちは、つい思考や感情に引きずられがちですが、「いま」という瞬間に集中すれば、目の前のことに集中できます。

ネガティブなことをグルグル考えたり、不要な感情に振り回されたりすることはありません。自動的に澄身の状態に変化します。

集中力が途切れがちな人は、**「過去を引きずらない」「いまに集中する」などといった一文を書いて、目にとまるところに掲げておくといいでしょう。**

その文章自体が「神」（柱）の役割を果たし、書かれてある状態を維持しやすくなります。

体の感覚を意識するのもいいでしょう。

頭であれこれ考えていると、どうしても損得や執着にとらわれがちになります。

また、不安や後悔など、ネガティブな思いが湧いてくるものです。

たとえば、皮膚感覚や聴覚などをふだんより意識したり、自分自身の体の感覚を丁寧に観察したりしてみるのです。**そうやって五感を研ぎ澄ましてみると、本来の自分の状態、つまり澄身に戻りやすくなります。**

何かが「腑《ふ》に落ちる」と人の行動は変わるものですが、これは、体感で理解したことによって、本人の現実が変わったことを示しています。

つまり体の感覚が、澄身の状態を呼び起こすのです。

また、呼吸に意識を向けると、自然に「いま」にいられるようになり、澄身に近づけます。

特に、思考が現在から離れがちなときには、「吐く、吸う」を丁寧に意識しながら繰り返しましょう（3章で解説する「体の呼吸」も参考にしてください）。

このように、呼吸や体の感覚を意識すると澄身に近づき、結びのエネルギーが働きやすくなっていきます。

いい因縁を育てる「やまとの予祝」をしましょう

繰り返しになりますが、結びの作用は、祓われた澄身になって軽やかに願うことで働きます。「絶対にこうなる！」「必ずこうする！」といった重いエネルギーで願っても、働くものではありません。

ですから収録音源は、聴くだけでその軽やかな状態が作れるように調整されています。

私たち自身で結びの作用を発動するコツがあるとしたら、「現実化の手前」の状態になり、「さあ、もう現実になるぞ」と楽しい期待を込めて願うことでしょう。

そんな願い方にぴったりなのが、日本古来の願望実現法である「予祝」です。

予祝の代表的な例が、春の花見。そもそも花見は、秋の豊作をあらかじめ祝う目的で、田植え前の桜の季節におこなわれました。

まだ秋ではないけれど、人々は、きれいな桜の下でにぎやかにお酒を飲みながら楽しみます。すると、もうたわわに実った稲穂を前にしているような喜びにあふれ、エネルギーの波が生まれます。

それが因育の状態を作り、豊作という現実につながるのです。

じつは、「やまとの予祝」というのがあります。

青空に向かって願いがかなったイメージを放ち、予祝をおこなうのです。

私が懇意にしている理髪店のIさんは、自分が応援するスポーツチームが優勝すると思いながら、高台から大空を眺めていたそうです。山梨学院高校の野球部と、サッカーJ2リーグのヴァンフォーレ甲府のチームですが、それぞれの監督が顧客だったこともあって、応援したいとつねづね思っていたとか。

すると、なんと山梨学院高校の野球部は春の選抜で初優勝、ヴァンフォーレ甲府はJ2ながら天皇杯を制したのです。Iさんの言霊は、山梨日日新聞でも紹介されました。

「広い空を眺めながら勝手に両チームが優勝すると思い込み、いいイメージを放っていたことが予祝になっていたのかもしれない」と、Iさんは大喜びでした。

やまとの予祝は、青空を見上げながらイメージするのがポイントです。

曇りや雨の際には、雲の上に広がっている青空を思い浮かべて予祝をしてください。

すると大空を伝わって、予祝のエネルギーが大きく広がっていきます。願いがかなったことに感謝し、空に「ありがとう」と言えば、なお効果的でしょう。

いいことも悪いことも「全受容」するとき、何が起こるのか？

ここで、澄身になる〝究極の方法〟をお教えしましょう。

それは、すべてをいったん「受け入れること」です。

自分自身の置かれた環境や日々起きる出来事、人間関係など、すべて受け入れます。

嫌な出来事も、認めたくない事実、望まない現実も、文字通り「すべて」です。

この姿勢を「全受容」といいます。全受容の大切さについてお伝えすると、こんな声をいただきます。

「すべてを受け入れたら、損や不快な思いをするのではないでしょうか」

「何を受け入れるか選ばないと、失敗してしまうと思うのですが」

多くの方は、これまで全受容する生き方をしてこなかったはずですから、それは当然の反応かもしれません。

率直にいいますが、**私たちが取捨選択をするとき、自分では意識していなくても、必ず損得勘定や執着、欲が働いているものです。するといつの間にか、いびつな生き方、すなわちジュミの状態になってしまいます。**

やまと人は、愛と叡智《えいち》を生きたとお話ししましたが、常に全受容の姿勢で物事に臨みました。

まずは、全受容ありき。

この姿勢は、やまと人の生き方に近づくための大きな一歩になるでしょう。

とはいえ、実際にやるとなると、不安や抵抗が生まれるのもわかります。いままでよかれと思って、さまざまな物事を判断し、取捨選択して行動してきたことでしょう。さて、その生き方で願いがかなう澄身になれたでしょうか。

自分の価値観と合わない、あるいは受け入れがたい事実でも、まずは「そんな考えもあるだろう」「これもアリなのだ」と、一度受け入れてみませんか。

するとその時点で、新たな視点や情報の発見につながります。

そこで初めて、本当に選ぶべきものが見えてきます。それから、自分自身の対応を考えればいいのです。

私自身も、以前は同じ気持ちでした。しかし、それでも「澄身になるために受け入れてみよう」と決めたのです。

そうすると、不思議とそれまで起きていた拒否反応が薄れていきました。さまざまな変化が起き、自分自身でも驚いたのでした。

収録音源で全受容できる自分に変わる

すべてを受容するときに、もっとも大切なことがあります。

それは、「自分自身を受け入れること」です。

自分を受け入れるのは当たり前ではないかと思うかもしれません。しかし現代人にとって、自分をすべて受け入れるのは意外に難しいことです。

たとえば、あなたも「自分のこんなところが嫌いだ」「自分の人生のここが不満だ」「この短所が改善されればいいのに」と思うことがあるのではないでしょうか。

そのような部分を否定していたら、全受容しているとはいえません。

特に、人から認められること、権力やお金を持つことに価値が置かれる現代では、人と比較して自分自身を否定する傾向があります。

そういったフェーズにいるかぎり、澄身になるのは難しいといえるでしょう。

自分を受け入れるとは、嫌いな自分やだめな自分も、すべてそのまま受け入れること。

素の自分を受け入れると、「これが自分だ」という安心感が生まれます。

すると、人や世間の承認は関係なくなります。

そして、それまでこだわっていたものに驚くほど執着がなくなるのです。

さらに、人をコントロールしようとしたり、自分を無理にがんばらせたりせずとも、**本来の自分の姿で、思う通りに振る舞えるようになる**でしょう。

当然、人間関係もよくなっていきます。

また、**自分に課していた制限が外れて、いままで思ってもみなかったようなひらめきやアイデアが生まれ、創造性が高まります。**

ただし、「すべてを受け入れなければ」と無理に思い込むと、自分自身を追い詰める結果になってしまいます。ですから、すぐに自分や他人、物事を全受容できなくとも焦る必要はありません。

「自分を受け入れられない自分」「すべてを受け入れられない自分」を全受容します。

「いますぐにできなくても、大丈夫」

そんな楽な気持ちで収録音源を流してください。

音源には、自分自身も含めてあらゆるものを受け入れられる言霊も封入されています。ですから、自然に寛容な心が育まれ、おおらかな気持ちで自分や周囲、起こる出来事を受け入れられるようになるでしょう。

その姿勢が日常に穏やかさと余裕を運び、これまでにない縁を結んでいきます。

怒り・悲しみなどの感情を祓う方法

全受容で生きるということは、突き詰めていえば、そのときどきの感情を受け入れることだといっていいでしょう。

人間は感情の生き物ですから、喜怒哀楽さまざまな思いが日々生まれます。生きていると、意にそぐわないことや腹の立つことも起こりますから、怒りや不満なども湧いてくるでしょう。また、人間関係にイライラしたり、他人に嫉妬したりすることもあるものです。

人間は基本的に、そういったネガティブな感情からは逃げたい、無視したいと思う心理構造を持っています。

ですから、自分の気持ちに気づいていながら、見て見ないふりをしているという人も多いかもしれません。**しかし、それらの感情にフタをしていると、心に葛藤が生まれ**

ます。すると「罪」をためることになり、ジュミの状態を作ってしまうのです。

自分には嫌な感情や見たくない思いがあるのだと、受け入れてみましょう。

すると不思議なことが起こります。もやもやしていた思いをスッと手放せるのです。

たとえば、自分のなかに怒りがあったとします。

そのとき、「ああ、私はいま怒っているのだ」と認めます。

そうすると、ふと冷静になれる。

そのとき、怒りの感情が祓われたわけです。

これは、深呼吸と同じしくみだと考えてください。

息を思い切り吐いてスッキリしたいと思ったとき、そのままの状態で吐き出しても、たくさんの息は吐けません。しかし、まず先に大きく息を吸えば、自然に吸い込んだ空気を「はぁー」と吐き出せます。

つまりどんな感情も、とりあえず認めて受け入れれば、そのあとはおのずと吐き出すことができ、しっかり祓えるのです。

なぜ、「大祓」にはおぞましい罪の名前まで入っているのか？

言葉にして特定すると祓いが起きる。

この言霊のしくみは、先ほどお話しした大祓のなかでも見られます。

ご存じの方もいるかもしれませんが、**大祓には、世のさまざまな罪がいくつも書き連ねてあります。**

しかも、そのなかには現代の常識やモラルでは考えられない罪も含まれています。

たとえば、「己が母犯す罪（自分の母親と通じる罪）、己が子犯す罪（自分の子と通じる罪）」「母と子と犯す罪（ひとりの女性と通じ、さらにその女性の娘と通じる罪）」「畜犯す罪（畜類と通じる罪）」などです。

なぜ〝祓詞〟なのに、そのように具体的な罪の名前が羅列してあるのか。

そこには、**あえて言葉にすることによって、認めがたい罪を受け入れて祓い清めると**

いう意味があるのです。

つまり、祓うために一度受け入れているというわけです。

このように古代のやまと人は、全受容の大切さ、祓いのしくみに早くから気づき、祓い清めを実践しながらこの国を作り上げてきました。

これから時代が進み、多くの人がやまと人のしなやかな生き方を取り戻していくと、誰もがこのような全受容の姿勢で生きるようになるはずです。

そのとき、人間本来の姿でお互いに認め合い、しなやかにつながって助け合う関係性が生まれていくでしょう。

その日をいち早く迎えるためにも、収録音源を流しつつ、全受容の生き方をインストールしていきましょう。

量子力学で証明されている「意識が現実を作る」

結びの力はいたるところに存在する。
祓い清めをおこなえば、誰もがその働きを発動させられる。
そうお話ししてきましたが、結びの力自体は目には見えませんし、触れることもできません。ですから正直なところ、いまひとつ実感できないというのが、いまのあなたの本音ではないでしょうか。

しかし、量子力学の研究では、人間の意志が結びの働き（現実）に影響を与えることが、ある実験によってすでに証明されています。

その実験が、二重スリット実験です。

専門的な話になるので詳細は割愛しますが、最小の量子は「波」であり、人の意識

（観察）が干渉すると「粒」になる。**つまり意識を向ければ、波だった粒子が物質として結晶化する**ことが、この実験で明らかになっているのです。

ごく簡単に説明すると、これは、二重のスリット（隙間）が空いた板に量子を照射して、板の向こう側のスクリーンにどんな像が描かれるかを観察したものです。

普通に考えると、照射された量子は2つのスリットを通り抜け、2本の縞がスクリーンに描かれるはずです。しかし、実際には違います。量子はお互いに干渉する性質があるため、スクリーンには、何本もの縞が描き出されるのです。

これは、量子が波動を持っているから起こる現象だと考えられています。

ところが、あるとき、スリット板とスクリーンの間にセンサーを置いて、観察してみたのです。

すると、なんと波動の干渉が起こらず、2本の縞が映し出されました。

これが何を意味するのかというと、**人間が観察することで、量子が本来の波動から粒に変わった。つまり、物質として結晶化したということです。**

この実験は、人間の観察が量子の「振る舞い」を変え、起こる現実を変化させたという事実を示しています。

つまり、人間の意識が物質に影響を与える、そして、現実を作れるということが、量子力学の実験で科学的に証明されたのです。

人間の脳と宇宙の関係とは？

人間の意識が物質（現実）に影響を及ぼす。

この事実を知って、あなたはどう感じたでしょうか。

私たちは長年、みずからの力を過小評価することを学んできたので、論理的には理解できても、「自分ごと」として受け止めるのはすぐには難しいでしょうか。

しかし私たち人間は、自分の脳が持つ潜在的な力をごくわずかしか認知できていません。宇宙との縁を結んでいくために、ぜひこのことに気づいていただきたいと思います。

人間の脳は、宇宙とつながっています。

私たちが意識を向ければ、脳は宇宙の果てであってもつながることができます。

これは、いままでの著書でもお話ししてきたことなので、これまで拙書を読んでくださった方にはなじみのある情報でしょう。

その情報を実践し、現実を作り変えてきたという方も、少なからずいらっしゃるはずです。

簡単にお話しすると、右脳と左脳の中心には、宇宙とつながれるエネルギースポットがあるのです。**私たちはそのスポットを通してアンドロメダ銀河とつながり、現実を創造していけます。**

しかし初めて私の本を読まれる方は、「ずいぶん突飛なことを言うものだ」と驚くのではないでしょうか。

たしかに常識から考えれば、脳が宇宙とつながっているといわれても、すぐにはうなずけないかもしれません。

また、そのスポットを医学的に特定できるわけではありません。

脳と宇宙がつながれることは、別の見地から科学的に証明されています。

科学用語も出てきますが、なるべくわかりやすくお伝えしていきましょう。

宇宙と私たちとの関係、人間の可能性を知るためにとても重要な話ですので、ぜひしっかり腑に落としてください。

同じ構造のものは通信できる！　神道の儀式でも使っている方法

あなたは「対称性通信」という言葉を聞いたことがあるでしょうか。

簡単にいうと、これは**「同じような構造のもの同士はつながっていて通信できること」**を指す物理学用語です。

宇宙と私たちの脳は、この対称性通信によってつながっています。

「似た者同士」のことを科学用語で「相似形」といいますが、銀河と脳もまさしく相似形です。

一例として、太陽系や天の川銀河の構造と、原子構造、それぞれの図をイメージしてみてください。

太陽の周囲を8つの惑星が回っています。天の川銀河は、ブラックホールを中心に3000億の恒星が回っています。同じように、原子核のまわりには電子がグルグル回っています。まさしく相似形です。

また以前、研究者がCGで作成した宇宙の構造図と、ネズミの脳神経細胞の顕微鏡写真が驚くほどそっくりだと話題になりました。ネズミと同じ哺乳類である人間の脳も宇宙と同じ構造です。他に、こまかな網目が広がっているインターネットの構造図も、宇宙や脳神経細胞と同じ形をしています。

やまと人がアンドロメダ銀河とつながれた理由は、ここにあります。

この対称性通信のしくみが、同じ構造を持った私たちの脳と宇宙とのつながりを可能にしているのです。

じつは、神道での儀式も対称性通信によって成り立っています。

たとえば、6月末や年末におこなう大祓の神事では、息を吹きかけた人形《ひとがた》を使って祓いの儀式をおこないますが、これは対称性通信のしくみを利用したものです。

この対称性通信は、2020年に数学的にも証明されました。

それが、**「IUT（宇宙際タイヒミュラー）理論」**です。

これは、日本の数学者、京都大学の望月新一教授が、数学界一の難問といわれた「ABC予想」を証明する過程で使った理論で、発表当時、世界で大きな話題となりました。非常に難解なので詳細は省きますが、この理論によって、私たちの脳と銀河が通信できることが数学的にも証明されたのです。

IUT理論は宇宙の謎を解き明かし、無限ともいえる人間の可能性を示してくれた画期的なものです。

この理論を、太古の時代から対称性通信によって宇宙とつながってきた日本の数学者が提唱した。

これは、私たち日本人にやまと人の遺伝子が脈々と受け継がれていることの証明ともいえるのではないでしょうか。

『古事記』の国生みは宇宙の二重螺旋構造のことだった!?

私たちと宇宙の神秘的なつながりを思い起こさせてくれるのが、人間の遺伝子構造です。人間の遺伝子は「二重螺旋《らせん》構造」といい、スパイラル状の2本の鎖がより合わさった構造です。

この遺伝子と同じ二重螺旋構造が、宇宙にも存在するのです。

2006年、NASAのスピッツァー宇宙望遠鏡は、ブラックホールから300億光年の場所で二重螺旋構造の星雲を発見しました。するとその形は、**見事に遺伝子の螺旋構造と似ていたのです。**これもまた話題になったので、ご存じの方も多いのではないでしょうか。

二重螺旋の星雲はうねりながら回転し、周囲にさまざまな影響を与えていることがわかっています。

この他にも、NASAは、ビルケランド電流と呼ばれる螺旋状のプラズマ電流の撮影に成功しました。これもまた、生命の源ともいえる遺伝子を彷彿《ほうふつ》とさせる素晴らしい画像です。

この巨大な螺旋状の電流からは、天の川銀河、太陽系、太陽、そして、地球のような惑星やそこに住む生命など、あらゆる物質が生み出されます。

私たちの住む天の川銀河も、このような2つの星雲が組み合わさった二重螺旋から生まれました。

『古事記』に記されたイザナギ・イザナミの2柱の神によってこの国が生み出されたという神事は、この事実を暗喩しているともいえるのではないでしょうか。

人間はすべて宇宙由来！　地球のルールに縛られなくていい

話が宇宙に及んだところで、その広大な空間に目を向けてみましょう。

宇宙の広さは、当初137億光年と計測されていました。しかし観測技術の発達によって、いまやその大きさは直径950億光年ともいわれています。

大宇宙には無数の星雲があります。NASAによると、ひとつの星雲のなかに2兆個の銀河があるとか。そのなかの天の川銀河には、約3000億個ともいわれる恒星があります。そのひとつが太陽であり、太陽系に属する惑星のひとつである地球に、私たちは住んでいます。


あぁ、宇宙は広い。私たちはなんと小さな存在なのだろう……。

そう感じたかもしれません。しかし、もうひとつ大切なことに気づいていただきたいのです。


それは、人間はみな、その広い宇宙の影響を受けながら生きているということです。


生まれたときの星の配置によって性格や運命を読み解く占星術が生まれ、いまでも多くの人に支持されているのは、その証拠のひとつといえるでしょう。

宇宙空間では、ビルケランド電流のようなものが多数存在し、巨大なエネルギーを発し、生命を生み出しつづけています。

忙しい毎日を送る私たちはふだん、半径数メートルの範囲で生きています。ですから意識は、どうしても地上で起きていることにしか向きません。目の前にいる人から嫌なことを言われたらムッとするし、やるべきことに追われています。

しかし、壮大な宇宙ではダイナミックな生命のドラマが展開しているのです。そして、私たちは常に、その宇宙とつながっているのです。

そして、**天の川銀河を越えてアンドロメダ銀河とつながれば、私たちはもう地球のルールに支配されず、自由に現実を作っていくことができる**のです。

「はやぶさ2」によって明らかになった生命の根源

この章の最後に、あなたの世界観が変わる情報をお伝えしましょう。

近年、天文学者の間で、パンスペルミア説というものが提唱されています。

これは、**地球の生命の源が宇宙にあるとする説**です。

つまり私たち人間は、すべて「宇宙由来」。

私たちの体は、この果てしなく広がる宇宙空間からやってきたもので成り立っているというのです。


人間の生命体の因子は、宇宙、それも天の川銀河を越えたところにあった。

その事実を裏付けるニュースが、２０２２年にもたらされました。

日本の探査機はやぶさ2が小惑星リュウグウから持ち帰った約5グラムの砂や小石を分析したところ、20種類以上もの有機アミノ酸が検出されたのです。

アミノ酸はタンパク質を構成する物質で、生命の源ともいえます。

これまでも、地球に落ちてきた隕石《いんせき》からアミノ酸が発見された事例は、いくつか報告されていました。しかしその場合、地上に落ちる過程でアミノ酸が付着した可能性も否めません。

そのアミノ酸が、地球外の天体から初めて発見された。**このニュースは、地球の生命の起源を解明するうえで重要な手がかりになると話題になりました。**

このニュースの意味するところは、タンパク質のかたまりである私たちの体が宇宙の天体と同じ成分でできているということ。ひいては、天体そのものといえるということです。

このような視点を持っていたのが、やまと人です。**やまと人は、地球上の森羅万象のすべてが宇宙からもたらされたものだと理解していました。**

それを、はやぶさ2が証明してくれたのです。

私たちのすべての細胞が宇宙から来たもの、つまりは、宇宙の天体そのものである。その視座に立てば、いま眠っているやまと人の遺伝子が目を覚ますのはいうまでもありません。

分子レベルに落とし込んで説明すれば、科学的に証明できる話です。

その視点を持って自分自身を見たとき、あなたの前にどんな世界が広がってくるでしょうか。

3章に入る前に少し時間を取り、**あなたという存在の本来の姿、そして、あなたが持**

つ可能性に思いを馳《は》せてみてください。

収録音源を聴きながらであればベストですが、もし難しいならそのままでかまいません。あなたが自分自身の力を思い出すことで、祓い清めと縁結びがさらに加速していくでしょう。

HOW TO CONNECT WITH THE GALAXY

3章

結びを発動！ 女性性と男性性のバランスを取る方法

HOW TO CONNECT WITH THE GALAXY

なぜ、やまと人の脳はアンドロメダ銀河とつながっていたのか？

自分自身の可能性を呼び起こし、結びの作用を働かせるために、ここからやまと人の脳の特徴を見ていきましょう。

量子コンピュータ並だったやまと人の脳には、現代人とは決定的な違いがありました。**右脳と左脳のバランスが5対5で、完璧に調和が取れていたと考えられるのです。**

両方の脳は、それぞれ女性性と男性性と言い換えることもできます。

右脳と左脳がバランスよく機能しているとき、**その人の女性性と男性性が統合され、最大限の能力を発揮できます。**両者のバランスは非常に大切です。

どちらかだけが優位に働くと、脳本来の機能を発揮できません。当然、宇宙とつながり、結びの力を働かせることもできなくなります。

それぞれの脳の性質を表すキーワードは次の通りです。

◉女性性（右脳）……受容、共有、調和、安定、直感、感覚、感性、柔軟性、芸術、曲線
◉男性性（左脳）……分析、評価、判断、思考、論理、攻撃、支配、決断力、積極性、損得勘定、直線

やまと人は、この右脳と左脳が絶妙なバランスで働いていたからこそ、アンドロメダ銀河とつながることができました。

そして、その結びの力を使って、ご神託を受け取ることもできました。

では、現代人である私たちの脳はどうなっているでしょう。

想像がつくかもしれませんが、性別を問わずほとんどの人が左脳に偏っており、男性性優位。非常にアンバランスな状態です。

男性性の特徴に挙げられているように、私たちの多くは無意識のうちに、物事を評価・分析し、他者からの評価を気にしながら行動しています。

また、自分自身の利益を優先し、物質的、経済的な成功を求めます。

そして、ものやお金などを所有すること、人から認められることに価値を置いています。

そうはいっても、これは仕方のないことでもあるのです。いまの社会においては、論理的な思考や言葉で説明する能力が求められ、常に計算しながら行動する必要がありますから。

しかし、左脳だけに重きを置かれた脳の使い方には限界があります。

人間がもともと持っているのびやかな感性や共感力、想像力が発揮できなければ、幸福感や充実感は得られません。何よりも、左脳ばかり使っていると、脳というコンピュータの機能を一部しか使えないことになります。

私たちがやまと人の脳になるには、まずここを意識する必要があります。

脳を「人間量子コンピュータ」にするには左右の脳のバランスを取る

なぜ、「やまと脳」から「男性脳」へと変わっていったのでしょう。

ここで簡単に、歴史を振り返っておきましょう。

旧石器時代や縄文・弥生・古墳時代のいわゆる先史時代、日本は母系社会。母方の縁戚つながりが基本となり、特に縄文時代は、集落全体で子どもを育てる社会でした。財産の共有は当たり前で、完全なるやまと脳の時代です。

それが平安時代になり、父系社会へと移行し、財産所有の概念や格差が生まれます。このころは、家や財産を娘が相続し、政治権力は息子や兄弟が相続するという形が取られています。

完全な父系社会、男性脳型社会になったのは、鎌倉時代になってからです。

争いや権力による支配が生まれ、強い者が勝つ競争社会へと変わりました。

そんな社会のあり方は、そのまま現代へと踏襲されています。

近年、男性脳的な生き方や社会のあり方が見直されていますが、**それでも多くの人の脳が、まだ男性性に大きく比重が傾いていることは否めないでしょう。**

念のためにいうと、右脳と左脳に優劣があるわけではありません。

脳の性質の違いがあるだけです。

女性性、男性性どちらか一方だけがいくら発達していたとしても、片方だけでは結びは成立しません。

両方がバランスよく働いている状態。場面に応じて臨機応変に、女性性、男性性を使い分けられる状態。このバランス感覚がとても重要なのです。

たとえば、集中して結果を出したいときは男性脳を使い、周囲と協力して物事を進めたいときには女性脳を使う。

このように対処できれば、女性性と男性性が統合されています。

そんな状態の脳こそ、人間量子コンピュータといえるのです。

いま私たちが結びの力を作用させるには、女性性を活発にして左右の脳のバランスをとることが不可欠です。

収録音源を聴くことで、2つの脳の調和を図っていきましょう。

祓《はら》いが起こるとき、左脳（男性性）優位の状態が、変化しながら、バランスを取りはじめます。

たとえば、左脳と右脳が7対3の割合で働いていたとしたら、音源を聴くことによって6対4に変わり、最終的に5対5となって調和が取れていくのです。

ジュミが生まれたのは、女性性と男性性が分かれたとき

女性性と男性性のバランスを取ることが、なぜそんなにも大切なのか。2章でもお話しした罪穢《けが》れである「ジュミ」の誕生を知ると、あなたも納得できるでしょう。

ジュミの状態は、どのように生まれたのでしょうか。

これもまた、今回入手した文献で明らかになった情報ですが、**ジュミが生まれたのは、雌雄、つまり女性性と男性性が分かれたときでした。**

命の始まりへとさかのぼると、もともと生物はオスもメスもない単細胞生物でした。それはある意味、エネルギーが調和した完全なる状態です。そこには罪というものは一切ありません。

ところが細胞分裂が始まり、やがてオスとメスに分かれます。いわゆる分離された状態です。

すると、片方にある性質や形状が、片方にはないという状態が生まれます。

そこに、嫉妬や確執、奪い合い、不足感などの感情……つまり、罪を作る原因が発生します。それが、ジュミの始まりでした。

しかしお互いに調和し合い、相手の性質を統合できれば罪は生まれません。

古代の人の女性性と男性性が調和していたのは、そのことを理解していたからではないでしょうか。

ジュミに対するイメージをつかみにくい場合は、分離するとはバランスが崩れることであると捉えてください。

バランスが崩れたところには、よけいなものや穢れたものがくっついてきます。

すると、ジュミの状態を引き起こすのです。

それを防ぐため、あるいは、整えるために、女性性と男性性の統合を図る。

すると、自然に祓い清めが起こって澄身《すみ》になり、結びの作用が機能するというわけです。

ただ、男性女性、いずれかの性で生まれてくる私たちが、2つの性質をどんなときも完璧に統合できるかというと、現実的に無理があります。**そこで大事なポイントが、そんな状態も受け入れる。つまり、全受容するということです。**

たとえば、どちらかの性質に傾いていると思ったら、その状態を受け入れ、次に逆の性質も受け入れようと意識するのです。

すると、自然にエネルギーが循環しはじめます。

そうやって全受容しながら女性性と男性性の調和を取っていけば、やまと脳に近づき、結びが発動していくでしょう。

アンドロメダ銀河は女性性のエネルギー

これからの時代において、女性性と男性性の調和を図ることはかなり重要です。それは、天の川銀河とアンドロメダ銀河をエネルギー的に分析してみると、さらによくわかります。

1章でお話ししたように、2つの銀河は対の関係となってメビウスの輪のようにつながっています。

これは、プラスとマイナスのエネルギーがつながり回っているということです。

また両者は次の通り、男性性、女性性という言葉で象徴される性質（役割）を持っています。ちなみに鹿島神宮は剣の男性性、香取神宮は鞘の女性性を表します。

◉天の川銀河（男性性）……プラス、頭脳、具象、粒子、凝縮、知識、直線的、形にとらわれる、緊張、剣、鹿島神宮
◉アンドロメダ銀河（女性性）……マイナス、ハート、抽象、波、開放、直感、曲線的、形がなく流動的、リラックス、鞘、香取神宮

これは、それぞれの銀河が放っているエネルギー、星々の文明や社会の特徴と捉えていただくといいでしょう。

私たちの住む天の川銀河は堅固で閉鎖的であり、非常に男性的なのが一目瞭然です。一方、**アンドロメダ銀河は、柔軟で開放的。女性的なエネルギーを持っています。**

物質社会である地球の状況を見ていただければ、天の川銀河の特徴を見てうなずいていただけるのではないでしょうか。

しかしこれから、現在の社会システムや価値観が崩壊し、いままでのやり方が通用しなくなります。

たとえば、ほんの数年前までは、満員電車に揺られながら都心のオフィスに出勤す

るのが日常の風景でした。しかしいまはリモートワークが普及し、オフィスの地方移転もめずらしくなくなっています。日本の終身雇用神話はとうに崩れ、転職や起業は当たり前になりました。テクノロジーの進化によって、流通のしくみも情報のやりとりも医療や教育も、もっと激変していきます。

その変化は止めようがありません。そのなかで、過去や現状にしがみついていたら、立ち行かなくなるのは当然のことです。

だからこそ、いままで大事に持ってきた枠を外し、アンドロメダ銀河のエネルギーとつながり、新しい生き方へと進むことが大切になってくるのです。

神功皇后やヤマトタケルは両性統合して成功した

ちなみに、このような時代の転換期に、「みんながやっているから」「おおぜいの人が続けているから」といった理由で、他者と同じ選択をしつづけるのは危険です。

北欧には特定のサイクルで、集団で崖から海へ飛び込む「レミング」というネズミがいるそうですが、そのレミングと同じ結末になりかねません。脅すわけではありませんが、みなで破滅へと向かってしまうおそれがあるのです。

では何が正しいかというと、自分自身の感覚、直感です。また、常にオープンな姿勢で柔軟に対応することです。

必要な直感は、私たちのなかにある叡智《えいち》がもたらしてくれるでしょう。

ただし、いまの天の川銀河的な生き方を否定したり、捨てたりする必要はありません。大切なのは、両者のエネルギーを統合して進んでいくこと。先ほどお話ししたように、女性性と男性性の調和を図ることです。

歴史のなかに象徴的なエピソードがあります。

1章で登場した**神功皇后は、アンドロメダ銀河とつながって革新的なまつりごとをおこないましたが、軍を率いて朝鮮半島に遠征した際には男装していたといいます。**

また、女性天皇である斉明天皇も、遠征の際に男装していたそうです。

逆に、日本の平定に寄与したヤマトタケルノミコトは、女装して熊襲《くまそ》と戦ったと伝え

られています。

国土の平和という大目的のために当時は武力を行使せざるを得なかったわけですが、そのなかでも、このような形で女性性、男性性2つのエネルギーを統合していたという史実は、非常に興味深いのではないでしょうか。

「ゼロor1」の領域を使えば能力開花

量子コンピュータのしくみと私たちの脳を比べてみましょう。

量子コンピュータがなぜ桁外れの性能を持つのか、ご存じでしょうか。

その理由をごくシンプルに説明します。それは、**量子コンピュータが「ゼロ」でも「1」でもない、「ゼロもしくは1（ゼロor1）」の概念を用いているからです。**

従来型のコンピュータは、すべての計算をゼロと1だけの2進法でおこなっています。しかし、量子コンピュータは「ゼロor1」＝「ゼロでもあるし、1でもある」というもうひとつの要素が機能しているのです。

難しい説明は省きますが、**量子コンピュータには「ゼロor1」という第三の要素、あいまいなグレーゾーンが存在するからこそ、スパコンとは比べものにならない能力が発揮できる**ということを、ここでは理解してください。

このしくみを人間の脳に当てはめると、とても面白いことがわかります。

やまと人が量子コンピュータ並の能力だったのは、この第三の要素「ゼロor1」の領域を使うことができたからなのです。

どういうことか。次の分類を見てください。

◉1……「自」＝自分、自我、自己、内側
◉ゼロ……「他」＝他者、自然、宇宙、外側
◉ゼロor1……「自」と「他」を重ね合わせた状態

これは、人間の脳の働きをコンピュータに見立てて分類したものです。

いま大半の人の脳は、「1＝自分」を基準に動いています。それは、文字通り自分を中心にした生き方です。

ふだん、私たちがどんな生き方をしているのかというと、正直なところ、「自分のこと」しか考えていません。言葉は悪いかもしれませんが、「自分さえよければいい」という基準でほとんどの人が行動しています。「自分は違う」という人もいるかもしれませんが、ほとんどの方は心当たりがあるのではないでしょうか。

しかし、私たちはこれまでの文明の流れのなかで、そのような生き方をするよう教育され、いまの社会を作り上げてきました。

これは、いまの状況を批判しようと意図としているわけではありません。**ただ、「1」の領域しか使わない生き方では、脳は一部しか機能しないのです。**

当然ながら、私たちの可能性のわずかしか発揮できないでしょう。

一方で、他者や外側の環境を基準に動くのが、「ゼロ」の領域です。

他者にとって何がいいのか、地球と共存するにはどうすればいいのか。それが、ここでは重要なファクターとなります。

人類が進化しようとしているいま、私たちは「ゼロ」の領域を使い、他者との共存や地球環境について真剣に考えはじめています。

このことが素晴らしい変化であるのはいうまでもありません。

しかし、自分をないがしろにして外側ばかりに目を向けていると問題です。偏った生き方になり、やはり限定された能力しか使うことができなくなります。

地球にいながら宇宙とつながった状態

両者を統合した「自分でもあり他者でもある状態」が「ゼロor1」。別名グレーゾーンです。そして、この領域を使えたのがやまと人です。

「ゼロor1」とは自分も相手も尊重し、お互いに喜べる状態を作ること。「私でもあなたでもある」という感覚をつかむことです。

こういうと理想論のように聞こえるかもしれません。しかし、やまと人はその領域を使っていました。そして私たちには、それができる潜在的な能力があります。「ゼロor1」の領域が開発されると、脳の機能をフルに使えます。

そこで何が起きるかというと、宇宙との縁が結ばれる。結びの力を自在に使えるようになるのです。

「ゼロ」でもあり「1」でもあるグレーゾーンの領域を使う。これが、人間を量子コンピュータ脳に変える秘密です。

では、グレーゾーンが使えるようになると、私たちはどう変化するでしょう。

自分にも他者にも固定されない視点を持てるようになり、人間関係がうまくいくようになります。

というのも、ゼロ（他者）か、1（自分）の視点でしか見られないと、表面的な部分だけで物事を判断し、交渉事やコミュニケーションがなかなかうまくいかないものです。しかし、どちらも包括した「ゼロor1」の視点であれば何事も幅広い見方ができ、柔軟な対応ができるようになるのです。

すると、交渉事やビジネスを有利に進められます。また、さまざまなタイプの人とフラットな人間関係を築けます。

やまと人が文化のまったく違う他国の人と対等に渡り合い、活躍できたのも、このグレーゾーンを存分に使えていたからなのです。


グレーゾーンが使えている状態は、女性性と男性性、右脳と左脳が調和しているともいえます。

それは、私でもありあなたでもある。また、その逆でもある状態。

そして、地球にいながら宇宙とつながった状態です。

別の表現をするなら、個人でありながら、全体についても考える「公《おおやけ》」の状態であるともいえるでしょう。

この状態になると、それまでとは違ったレベルの創造力を発揮できるようになります。人類史上に輝く芸術家や武術家、思想家たちは、この領域を使って宇宙と交信し、優れた作品や業績を残しました。

彼らは、まさに人間量子コンピュータだったのです。

もちろん、私たちの脳も同じ潜在能力を持っています。

やまと脳で創造する場「五次元」へ

しかし、ここで私たちは現実を見なければなりません。

悲しいかな、人間は自己中心的な生き物です。おいしいものを食べ、行きたいところに行き、やりたいことを自由にやる。つまり、1の領域を満たす。そういったことに幸せを感じます。つまるところ、自分が満たされていればいいのです。

大切なのは、そんな自分を否定せず、すべて受け入れること。

そう、全受容することです。

自分のいたらなさや未熟さを認めると、その部分を統合できます。

そこが「ゼロor1」の領域を目覚めさせるためのスタート地点です。

グレーゾーンを活性化したいのであれば、物事をコントロールしようとする気持ちを手放し、リラックスしましょう。「○○しなければ」という制限された発想は、「1」か「ゼロ」の世界。ガチガチに緊張した状態です。

「1でもゼロでもある」世界では、その制限から自由になっています。その自由な世界へ行くために、あえて自分や人、起こる出来事をコントロールすることをやめ、「どちらでもいい」とリラックスするのです。

ただし、ダラッとゆるみ切るのではありません。

リラックスとは正確にいうと、緊張もしていないし、完全に力を抜いているのでもない。**すべてをゆだね、緊張とリラックスの中間地点にいるような状態です。**そんな状態を意識すると、気持ちがフッと楽になります。

そのとき、グレーゾーンという脳の新たな領域が動きはじめるのです。

すると、それまでアクセスできなかった次元とつながれます。

その次元こそ、物事を創造する場である五次元です。

とはいえ、物事をコントロールしないようにすることも、リラックスすることも、現代人の苦手とするところです。ですから、くれぐれも「リラックスしなければ」「コントロールを手放そう」と力まないようにしましょう。

収録音源には、グレーゾーンに働きかけて量子コンピュータ脳になるために、右脳と左脳のバランスを取るアプローチが組み込まれています。

音源を流している時点でグレーゾーンが活性化していくので、ゆったりした気持ちで新しい領域が目覚めるプロセスを楽しみましょう。

体に呼吸をまかせるだけで、リラックスできる

グレーゾーンを開発するプロセスに役立つ呼吸法をご紹介しましょう。

「究極のリラックス」のための呼吸です。

呼吸法といっても非常にシンプルで、やり方はいたって簡単です。

体がしたいように、呼吸する。ただこれだけです。

もう少し説明すると、頭のなかにある思考をいったん忘れて、「体が呼吸したいように呼吸しよう」と考え、その通りにしてみるのです。何も考えず、体が欲する通りのリズムや長さ、深さで息をしていきます。

もしいま可能な状況なら、あなたもぜひトライしてみてください。

何も考えず、体にすべてをゆだねます。
そして、体が思うままに息を吐き、そして、吸う。

これを繰り返していきましょう。

……いかがですか？　呼吸を体にまかせる感覚がつかめたでしょうか。

少なくとも、いつもよりゆったりした深い呼吸になったのではないでしょうか。

もし、まだピンと来なかったとしても問題ありません。

私たちはふだん、あれこれと思考を巡らせたり、仕事や家事など目の前のことに追われたりしながら呼吸しています。自分で思っている以上に呼吸が浅い状態です。

すると、脳に酸素が十分に届きません。もちろん健康にもよくありませんし、ネガティブなエネルギーの影響も受けやすくなります。

しかし、**体に呼吸をまかせてみると思考が止まり、頭が空っぽになってリラックスできます。**体の呼吸をしばらく続けていると、お風呂に入っているかのようにくつろいで、全身の細胞が喜ぶような感覚が味わえるでしょう。


収録音源を流しながらおこなうと、さらにリラックスできます。

そして心が静まり、次第に、それまで聞こえなかった周囲の音が聞こえてくるようになります。また、周囲の空気感がリアルに感じ取れるようになっていきます。

じつはそれが、やまと人が持っていた感覚なのです。

グレーゾーンが活性化していた彼らは常にリラックスしていて、自然の変化や相手の様子を敏感に察知する感性を持っていました。

その豊かな感性がなければ、彼らは海を渡り、他国と貿易を続けることができなかったといっていいでしょう。

1分でOK！「体の呼吸」で結びの働きを起こす

体の呼吸は、思考を止めて、心の底からリラックスできる状態をもたらしてくれます。他にも、さまざまな呼吸法や瞑想《めいそう》法がその状態を目指していますが、どの方法も一定の練習やテクニックの習得、そして、ある程度の時間が必要です。

しかし**体の呼吸は、1分も続ければ十分です。**難しい技術もいりません。もし時間がなければ、数十秒でもOKです。一日何回おこなってもかまいません。

短時間で思考を止めてリラックスした状態へと変化し、「ゼロor1」の領域（グレーゾーン）が活性化します。起床時や仕事中など、毎日の習慣にしてみてください。

体の呼吸を習慣化すると、自分自身の根源的な部分につながり、必要なときに必要な行動が即座にできるようになります。

「そんなに簡単な呼吸で？」と思うかもしれません。

しかし、本当に効果のあるメソッドや物事を変える技というものは、驚くほど簡単なものです。だからかえって見過ごされていたりもします。あなどらずに実践してみると、驚くべき世界が見えてくるでしょう。

呼吸はまさに、人間という生命体がおこなっている結びの働きそのものです。この呼吸によって、その神秘を感じ取っていただけるでしょう。


ただし、もうおわかりと思いますが、結果を出そうと焦ってはいけません。

また続けなければという義務感も不要です。時間や回数を決めるのではなく、「思い出したらやる」というスタンスで取り組めばいいでしょう。

この呼吸法を続けると、意識の切り替えが速くなり、クヨクヨイライラする時間が減っていくという変化も起こります。

そして、目の前のことに集中できるようになります。

すると自然に「もっとやりたい」「続けたい」と思うようになるでしょう。そんな変化をゲーム感覚で楽しんでみてください。

「星の呼吸」で宇宙を体感する

体の呼吸で自由な感覚をつかんだら、さらに先へ進みましょう。

今度は、「宇宙の星が自分に呼吸させている」とイメージしながら呼吸をしてみてください。

実際に、夜空の星のひとつを見ながら呼吸をしてもいいですし、日中であれば、空の上の宇宙空間にある星をイメージしてもいいでしょう。

どんな星でもかまいません。ひとつ思い浮かべて、星が自分に呼吸をさせている……。そう考えるのです。

すると、あなたの意識が一気に宇宙空間に広がります。

そして、日常生活での思考の枠が外れ、右脳と左脳のバランスが整う。**そのとき、あなたの意識は実際にその星とつながります。**

呼吸のやり方がうまくつかめない場合は、赤ちゃんを抱っこする感覚を思い出してみてください。赤ちゃんを抱いているときは、自分自身も赤ちゃんのリズムに合わせて、いつの間にかゆっくり穏やかな呼吸になっているはずです。

「赤ちゃんの代わりに、星を抱いているとしたらどんな呼吸だろう」とイメージしながら呼吸をしてみるのです。

すると、おのずと呼吸のリズムや深さが変わっていくでしょう。それから星をイメージすれば、遠い空の上にある星が、身近なものになっているはずです。

ただし、頭であれこれ考えるのは禁物です。あくまでも感覚を大事にして、リラックスして呼吸しましょう。すると、すべてを受け入れ、あらゆるものとつながっていく感覚が訪れるでしょう。

これまでお話ししてきたように、私たちは宇宙由来の成分でできています。

それは、すでに宇宙と一体であり、宇宙そのものであるともいえるのです。

ですから、星の呼吸ができるのは当然のことなのだと思い、気楽にトライしてみましょう。

時空を超える「アンドロメダ銀河の呼吸」

星の呼吸に慣れてきたところで、次は、いよいよアンドロメダ銀河とつながって呼吸してみましょう。

体の呼吸、星の呼吸と同じように、**アンドロメダ銀河が自分自身に呼吸させていると思いながら、息を吐いて吸っていきます。**

250万光年離れたアンドロメダ銀河ですが、脳を通してつながれることはすでにお話ししました。ですから、けっして難しくはありません。

アンドロメダ銀河とあなたが、メビウスの輪のようにつながっています。

そのアンドロメダ銀河が自分に呼吸をさせている。

そう思いながら息をしていると、意識が時空を超えてさらに広がっていきます。

もしうまくできなければ、アンドロメダ銀河からあなたに向かってエネルギーを飛ばすようにイメージし、呼吸をしてみるといいでしょう。

やまと人にとって、アンドロメダ銀河＝太歳《たいさい》とつながることは、時空を超えて現実を作れるということ。

つまり、結びの力を使って未来とつながるということでした。

もちろん私たちも、アンドロメダ銀河と呼吸でつながり同じことができるのです。

3つの呼吸をご紹介してきましたが、すべて完全にマスターしなければならないわけではありません。**基本的には、収録音源によってすべてが祓い清められ、アンドロメダ銀河へとつながっていきます。**

ですから、無理のないペースでOKです。むしろ、無理なくできる範囲がいいのです。自分の感覚に従い、気が向いたときに取り組んでみてください。

「いま気が焦っているから、体の呼吸で落ち着こう」

「今日は時間があるから、アンドロメダ銀河の呼吸をやってみよう」

このように、状況や気分に合わせて自由に続けていると、全受容の感覚が体感として得られるようになるでしょう。

それは、**日常で起きる出来事も、また自分自身もすべて受け入れ、天とつながり、地に足をつけて日々前進していく。**そのような感覚です。

そして、それこそが、やまと人の持っていた感覚なのです。

本当の愛とは「結びの力」そのものだった

収録音源を聴き、呼吸法を続けるなかで、あなたにはある変化が起こるでしょう。

本当の愛とは何かに、気づけるようになる、いや、思い出せるようになるのです。

〝本当の愛〟というと漠然としていて、つかみどころのないもののように感じるかもしれません。**しかし、やまと人はまさにその境地で生きていました。**

といっても、やまと人に愛の概念はありませんでした。

愛と叡智に生きたやまと人でしたが、**自分たちのあり方が愛と叡智そのもの**だったので、改めてその概念を持ち出す必要がなかったのです。

では、彼らが生きた本当の意味での愛とは何でしょう。

それは、恋愛のような駆け引きや欲、執着などがからんだ感情のやりとりではありません。また、人から一方的に与えてもらうものでもなければ、見返りを期待して与えるものでもありません。

そもそも愛という概念自体、多様な捉え方があります。たとえば、男女の愛、家族愛、隣人愛、動物や植物に対する愛、郷土や国に対する愛、神への愛など……。一言で「愛」といっても、じつにさまざまです。

古代ギリシャでは、次の4つに愛を分類しました。

◉エロス（男女の恋愛）　◉フィリア（友人間の友愛）

◉ストルゲー（家族愛）　◉アガペー（人間に対する神からの無限で無償の愛）

日本において現在の意味で、「愛」「愛する」という言葉が使われはじめたのは、明治期以降です。

当時、英語の「ＬＯＶＥ」に相当する翻訳語として、「愛」があてられました。

それ以前の時代は、「愛おしい」という意味での愛が一般的で、恋愛感情は「色」「恋」「情」などの言葉で表現されました。

愛とは何か。

今回の探求を通して、私は自分なりの結論にたどりつきました。

古代ギリシャの分類を思い出してください。愛は、男女、友人、家族、そして神の関係性のなかに存在していました。

つまり愛とは、お互いの存在との「間」にあるもの。

別の言葉でいうなら、自分と他者との「間」を取りもち、結ぶもの。それが、愛なのです。**これこそ、結びの力そのものです。**

そう、愛とは、人と他者、人と物事を結ぶ働きであり、「現実を作る結びの働き」に他ならないのです。

だからこそ、愛を生きることが結びの働きをつむいでいくことそのものになるわけです。

「叡智」の本当の意味を知っていますか？

愛と並んで忘れてはならないのが、叡智の存在です。

一般的にいえば、叡智とは「優れた知恵」であり、「物事を深く洞察する力」を指します。

しかし、**叡智の本質とは「物事の真実をつかむ力」であり、「真理を見抜く力」です。**

そして、外から得るものではなく、人間がもともと自分のなかに持っている世界から発動するものです。

さらにいえば、叡智とは男性性であるともいえます。

この叡智があったからこそ、人類は地球上で生き延び、文明を築くことができました。また、ともに力を合わせて共同体を維持してきました。
しかし現代に目をうつすと、どうでしょう。知識や情報は飛躍的に増えたものの、それと引き換えに、人間本来の叡智は影を潜めているような状況です。
外から与えられた情報を鵜呑《うの》みにしてばかりでは、自分のなかの叡智を発動させることはできません。

しかし、宇宙とつながっていくと、本当の自分がどんな存在であったかも同時に思い出します。

本当の自分とは、愛に満ち、そして、叡智に満ちた存在でした。他者とつながり、財産を共有し、自分の能力を出し切り、助け合いながら生きていました。

文明のなかで衰えてしまっていたそのような資質を思い出すことは、大きな気づきと進化をもたらします。

そのプロセスは、人間性の回復そのものです。

自分でも予期しなかった変化が起こりはじめた

私の変化も、まさにそう呼べるものでした。

手前味噌《みそ》になりますが、ここで私の体験から分析させてください。

これからあなたが、本来の自分に気づき、進化していく際の参考にしていただけることと思います。


以前の私は、どちらかというと男性脳的。いわゆる「堅物」といわれるタイプでした。

何事も理論的、合理的に進めるのが当然だと考え、常に理性をもって物事を判断していました。

ところが、やまと人の生き方やアンドロメダ銀河とのつながりを学ぶうちに、自分でも予期していなかった変化が知らず知らずのうちに起きたのです。

その変化とは、女性性の象徴とされる**包容力やしなやかさを身につけたこと**でした。人への対応や言葉かけ、物事の判断などが柔軟になり、その結果、人間関係が良好になり生きやすくなりました。

それだけでなく、**自分自身の仕事や探求も新しい地平へと進化していきました。**

その過程で、見えてきたものがあります。それは、過去の私には、愛が欠けていたということです。平たくいえば、他者に対する優しさや気遣いが足りなかったのです。

しかし以前は、当時の立場や役割意識もあり、そのことにまったく気づいていませんでした。

いま思うに、他者と調和していくことの大切さに気づきながらも、自分自身の男性性が邪魔をしていた部分も大きかったかもしれません。

この一連の変化は、私にとって大きな発見でした。

愛の欠乏を埋めると、結びが働き出す

私のケースは、圧倒的に男性性（叡智）に重きを置いて生きていたため、女性性（愛）の欠乏が起きていた状態でした。

愛が欠乏すると、他者に対して厳しいだけでなく、自分自身に対しても厳しくなります。そして、自信のなさや自分への不信感が募ります。

その結果、**自分の能力が発揮できない、弱さや自信のなさを隠すために攻撃的な態度を取る、人と衝突するといった現象が起こる**のです。

さらに、無意識のうちに、人の好意の上にあぐらをかき、他者に対する感謝を忘れてしまうといったことも起こります。

当然、私にも同じ状況がありました。自分のなかにそういった部分があるのはなかなか認めにくいものですが、心当たりがある部分は素直に改めました。

そして、愛を生きることを意識していったところ、お話ししてきたような変化につながったのです。

ここでお伝えしたいポイントが2つあります。

まず、**女性性、男性性のどちらか一方が強いだけでは、本来の能力は使えません。**

愛がいくらたっぷりあっても叡智を使って行動しなければ、現実的な変化は起こせません。

逆に、私のように叡智だけで現実を切り開いていると、人生にひずみが生まれてしまいます。すると、周囲との軋轢《あつれき》を生んでしまったり、生きづらさを感じたりすることになってしまうでしょう。

つまり、望む現実を作りたいのであれば、両者のバランスを意識することが重要なのです。

そしてもうひとつが、**誰もが女性性（愛）を意識する必要があるということ。**

この章のはじめでお話ししたように、社会のしくみ上、みなが男性性を使って生きざるを得ないのが現代だからです。

その女性性（愛）を意識する姿勢が、結果的に左右の脳の調和、女性性と男性性の調和を図ります。

そうやって、愛と叡智、女性性と男性性が統合されたとき、結びの力が作用するのです。

能天気でふわっと望めば、結びの力は加速する

ここまでお話ししてきましたが、いかがでしたか？

いま完全には理解できないと感じる部分があっても大丈夫。

太古の記憶が私たちの遺伝子にはあります。収録音源を聴くことであなたのベストなタイミングで変化が起きていくでしょう。

総仕上げとして、これから「結びの力を発動させる3つのコツ」をお話ししていき

ましょう。

ひとつめのコツが、**「軽く決める」**ということです。

ここまでお話ししたことの復習になりますが、**結びの作用は力を抜き、よけいなエネルギーを使わない澄身になることで実現します。**

もちろん、自分の目標や願いを決めることは大切です。

ですから、目標設定はきちんとします。ただし、何回も唱えたり、「絶対にこうなる！」と信じ込もうとしたりするのは逆効果です。

願いや目標をパッと定めたら、そこに意識や言葉を重ねない。

そして、いまに集中する。この姿勢を心に留めておきましょう。

2つめは、**「能天気」**になることです。

通常、この言葉は「ルーズ」「いい加減」などの意味合いを込めてネガティブな意味で使われることがほとんどです。

しかし、能天気は〝脳天気〟。「脳がお天気」な状態です。脳内に雲ひとつなく、スカッとした晴天が広がっているのですから、とても素晴らしいことなのです。**晴れ渡った空のような軽いエネルギーは、澄身そのものといえるでしょう。**

残念ながら、私たちの脳はふだんさまざまな感情や考え事が渦巻き、雲がかかったような状態にあります。もっといえば、その雲を自分自身だと勘違いしています。

そのまま、宇宙とつながろうとしてもなかなかうまくいきません。だから、能天気になるのです。

では、どうすれば能天気でいられるでしょうか。

結果にとらわれず、軽い気持ちで楽しむことです。

「なんとしても実現させよう」と肩に力を入れたりするとエネルギーが重くなり、ジュミの状態になってしまいます。

「結果が出て当然」「願いがかなって当たり前」と思ってください。

そして、**「いいことが起きると楽しいな」「望みが実現したらうれしいな」とふわっと望む**のです。

すると、脳が晴れていきます。すると澄身の軽やかさが生まれ、結びの働きが加速していくでしょう。

思い込むことではなく、確信すること

結びの力を発動させる3つめのコツが、**「『ある』という前提で行動する」**ことです。

ただし、あると「思い込む」ことと、あると「確信すること」には、大きな違いがあります。

ここは縁結びの重要ポイントなので、しっかり理解していきましょう。

たとえば、手を挙げるために、「よし、私は手を挙げることができる。だから大丈夫だ」と必死で思い込もうとする人はもちろんいません。

肩でも壊していないかぎり、私たちは自分の手が挙がることを知っています。手を挙げようと意図したとたん、ごく自然にスッと手が挙がります。誰もが、手が挙がる

ことに絶対的な自信を持っているので、サッと行動にうつせるのです。

このとき、言霊のスピードと手が挙がるスピードは同じです。「手を挙げよう」という言葉は発していなくても、その意志は言霊として発動しているのです。だから、意志と同時に手が挙がるわけです。

このとき、2章でお話しした**「言葉になる前の〝言葉〟」が言霊として発動し、現実化が起きています。**同じように、願いがかなうのも当然のことだと確信できれば、必ず現実化します。

ただし、執着やこだわり、不安を含んだ重い意識のままでは、現実化はできません。むしろジュミの状態を作り出し、結ばれるはずだった現実を遠ざけてしまいます。

あるという前提で行動するとは、1か月後に友人とランチする約束をして、実際その日に会う感覚だと思ってください。

約束した日に友人と会うことはすでに決まっていることです。

ですから、「○月○日、私は○○さんと会う」と毎日繰り返したり、「ちゃんと会えるだろうか」と不安に思ったりする人はいません。

それなのに、「もし会えなかったらどうしよう」「本当に会えるのだろうか」と考えていると、心ここにあらずの状態になり、事故にあったりトラブルを起こしたりしかねません。

そんな馬鹿なことはしないと思うかもしれませんが、**多くの人は、結びの力を確信できず、似たようなことをしがちです。**

現実化は決まっているのにわざわざ不安や疑いを持ち込んで、事態を反転させるようなことをしているのです。

宇宙のしくみ「ある」と思えば現実化する

ここで、結びの世界の真実をお伝えしましょう。

結びの力は「あると思えば、ある」。

つまり、「ある」という意識によってその働きが発動し、現実に作用するのです。

これは精神論でも、こじつけでもありません。宇宙のしくみです。

結びの働きは、「気の力」のようなものだと思ってください。

気も、目には見えません。しかし東洋医学には、気功治療の長い伝統があります。また、気力、気配、元気など、「気」を前提にした言葉は多数あります。

実際に気の治療で、体があたたかくなったり、手がピリピリしたりした経験がある人もいるはずです。あるいは、体の不調がよくなった人もいるでしょう。そういった経験がある人にとって、気は確実に存在しています。

その一方で、気をまったく感じない人、気にまったく興味のない人もいます。そんな人にとって、気は存在しないのも同然です。

この違いはどこから生まれるかというと、その人の〝意識〟から生まれるのです。

次は、気を発する側から見てみましょう。気の達人は、「ある」と確信して気を発しています。「気が出て当然、ないわけがない」という揺るぎない思いを持っています。だから、その意識通りに現実化しているだけです。

一方、初心者は、「気が出ているのかな」と不安に思ったり、「自分にできるかな」と疑心暗鬼になったりします。

すると、いつまでも気が出るという現実は作れません。

この心構えの違いが、現実の差になって現れます。これが、「気は、あると思えば、ある」のからくりです。

気功の練習で、「気が出ているかどうか、自分ではわからない」と言う人がいますが、これは的外れな発言で、本人が「気が出ている」と思えば確実に出ています。

この世界は、それほどシンプルなのです。

結びの力も、まったく同じです。

あると思えば、ある。結びの力が働いていると意識すれば、働く。そうなると思えば、そうなる……。つまり、**結びの力があるという前提で行動することによって、かなえたい現実を作り出せます。**

「ここに素晴らしい結びの働きがある」と思っていると結びの力が働き、実際に現実が作られる。私たちは、そういう世界に生きているのです。

よく、「意識の力が現実を作る」といわれますが、これは、このしくみを別の言葉で表現しています。

とはいえ、現実で結びの力を体験しないかぎり、「そうはいっても……」という思いは生まれてくるでしょう。

どうぞ、その感覚も全受容してください。

否定する必要はまったくありません。

すべてを受け入れて進めば、自然にジュミが祓われ、澄身に近づきます。

収録音源が、そのサポートになることはいうまでもありません。

音源を流していると感情や思考の雲が自然に祓われ、結びの力が発動する状態が整っていくでしょう。

1日5分！「願いがかなった呼吸」をする

いますぐ、「願いがかなった状態」を作れる方法をご紹介しておきましょう。

1日5分、自分の願いがかなったつもりで呼吸するのです。

これもまた、このうえなくシンプルな方法ですが、秘伝ともいえる願望実現法です。

呼吸は、人間という生命体がおこなう結びの働きの最たるものです。

しかし、私たちが日常やっているのは、いままでの自分の延長線上にある呼吸です。

「どうせ願いなんてかなわない」「やりたいことがあるのに、いつも邪魔が入る」「私には能力がない」。そういった思いのままで、多くの人が呼吸をしています。すると当然、その現実が結ばれます。

そこで、**「もし自分の願いがかなったら、どんな呼吸をしているだろう」**と考えてみるのです。理想の年収になった、長年の目標を達成した、願っていた人間関係や環境を手に入れた……。そんな自分になったとき、あなたはどんな呼吸をしているでしょうか。いまの呼吸とはまったく違っているのは確かです。

「愛と叡智の人になった」「自信を持って行動している」など、自分がなりたい状態をイメージしてもいいでしょう。

このときのポイントは、そうなったときの自分の姿をありありと思い浮かべること。そして、すでにそうなっていると思うことです。

神道の祓いの儀式においても、「すでに祓われた」という前提でおこなうことが大切だとされています。祓われたあとの爽快感によって、実際の祓いがより確実に起こるのです。

思い出してください。量子力学の世界でも、人間が観察するだけで量子が粒子に変わり、現実が作られることが証明されました。

しかも、人間の体は結びの働きで成り立っています。

結びの働きそのものである私たちが「かなった現実」を味わいながら、同じく結びの働きそのものである呼吸をおこなうのです。そこに、大きな力が作用するのは当然だといえるでしょう。

もちろん、願いの性質や大きさによって、この次元で現実として結ばれる時期にはタイムラグがあります。しかし宇宙のしくみからいえば、その現実はある次元において、すでに立ち現れているのです。

ふたたび、宇宙と縁を結ぶ生き方を

最後に、これからあなたが縁を結んでいく壮大な宇宙に目を向けてみましょう。

あなたは、宇宙が「呼吸」していることをご存じでしょうか。

宇宙がとてつもないスピードで膨張していることはすでに明らかにされています。

これはある意味、宇宙が生きて呼吸しているということです。

人間の呼吸は「吸って吐く」の繰り返しです。

一方、宇宙の呼吸は、渦状にグルグル回りながら拡張しています。

その渦が回転するプロセスを、呼吸そのものと見ることができるのです。


宇宙が呼吸するとは、いまひとつ理解しがたいでしょうか。呼吸の本質をひも解きながらお話ししていきましょう。

呼吸には、「内側と外側をつなぐ」という性質があります。私たちは外側の空気を吸って内側に取り込み、また吐き出すことで、外の世界とつながっているわけです。

宇宙という大きな渦が回転する過程でも、外にあるものを取り込み、内にあるものを吐き出すという動きが起こります。

それが、宇宙のダイナミックな「呼吸」です。

その呼吸によって結びの力が働き、星々が生まれ、またその星のなかで人間をはじめとするあらゆる生命が生まれます。

そのいとなみは、まさしく愛そのものです。

宇宙の星とつながり、すべてを受け入れ、そして吐き出す。

その繰り返しを続けていると、自分自身が宇宙そのものになっていきます。

いや、自分が宇宙であることを思い出していきます。

そのわけは、ここまで読み進めてくださったあなたにはもうおわかりでしょう。

私たちが宇宙そのものであり、意識さえ向ければ、いつでも愛と叡智につながれることを。そしてそのとき、結びの力を自由に使えることを。

この本でお伝えした呼吸法は、ただのきっかけに過ぎません。

私たちは思い出すだけでいいのです。

常に宇宙とひとつであり、結びの力がすぐそばにあるということを。

あなたはこれから新しい自分へとシフトしていきます。

いまは数パーセントしか使われていない脳の機能が開発され、宇宙と縁を結ぶことによって、自分でも予想しなかった変化が次々と起きていくでしょう。

私たちはながらく、愛と叡智と結びの力を使った生き方を忘れて生きてきました。

正確にいうなら、忘れさせられてきました。

その生き方を取り戻すときが、いま訪れました。

私たち日本人の源流にあった教えが、このタイミングでふたたび世に現れたのは、奇跡としかいいようがありません。

世界が平和で、人々が幸せと豊かさを享受しているのであれば、この教えが世に出る必要はなかったでしょう。

しかし、**地球全体が危機ともいえる状況にさらされ、大変革が求められているいま、不思議なご縁のつながりによってこの教えはもたらされました。**

そして、あなたへと届いた。これはけっして偶然ではありません。

やまと人がゆうゆうとつかんでいた自由を、もう一度私たちの手でつかみましょう。

彼らが自在に使いこなしていた力は、すでにあなた自身のなかにあります。

How to Connect with the Galaxy

宇宙との縁結びで不可能を可能にする時代へ

EPILOGUE

ものすごい勢いで変化していくこの世界

この地球上にいま存在している生命体はすべて、環境の変化に合わせて少しずつシフトしながら長い時間を生き抜いてきました。

これから、ますますものすごい勢いで世界は変化していきます。

私たちも、そのスピードに合わせてシフトしなければ、存続すら危うくなってしまうかもしれません。

しかし、ただむやみに変わればいいというわけではありません。

時代を見極め、行くべき未来を明確に見据えることです。

そうでなければ、迷走してしまうことになるでしょう。

その未来へ行く方法をようやく書き切ることができました。

これ以上の喜びはありません。

未来を軽やかに創造していきましょう

「時代は変わる」と頭ではわかっていても、人はなかなか変われない生き物です。そして、行動できないまま雑多な情報に触れるうちにますます不安になり、自分以外の何者かに頼ろうとします。

最終的な答え、解決の道が見つからなければ、私たちは何かに頼りつづけ、支配されることになるでしょう。

つまり、生まれ持った機能や可能性を正しく知り、それを使いこなさなければ、既存の社会や他者に依存しつづけなければならないのです。

しかし、「私」という存在の認識を改め、**潜在能力を発揮することができれば、これから時代がどのように変化しても心配いりません。**

自分で自分の願いをかなえられるのですから、何者にも支配されない生き方ができます。

天の川銀河のルールを超えて宇宙とつながれば、いまは不可能に思えることさえ、可能にできます。

私たち一人ひとりが幸せに生きることが、周囲の幸せにつながります。

そして、世界の幸せ、宇宙全体の幸せにつながっていきます。

ともに新たな世界を築くために収録音源を聴きながら、あなたの望む未来を軽やかに創造していきましょう。

小野寺潤

How to Connect with the Galaxy

◎使用写真クレジット

jaboo2foto/Shutterstock.com
likekightcm/Shutterstock.com
Ramil Gibadullin/Shutterstock.com
Willyam Bradberry/Shutterstock.com
Ped pedped/Shutterstock.com
KonstantinChristian/Shutterstock.com
Nadia Shlemina/Shutterstock.com
FTiare/Shutterstock.com
Reuber Duarte/Shutterstock.com
DmytroPerov/Shutterstock.com
Moreno.98/Shutterstock.com

参考文献

『弥生の言葉と思想が伝承された家』上下巻（池田秀穂 口述）
『儺の國の星』（真鍋大覚 著／那珂川町）
『儺の國の星 拾遺』（真鍋大覚 著／那珂川町）
『日本曙史話―弥生の言葉と思想』（池田秀穂 口述・上原光子 編集／沖積舎）

小野寺潤（おのでら・じゅん）
言霊研究家。宮城県生まれ。早稲田大学商学部卒。
ユダヤ教をはじめ世界各国の宗教と民間伝承を研究後、白川神道、言霊布斗麻邇の行を通じ、新たな世界観に目覚める。現在は、多彩な執筆活動と並行して、一般社団法人白川学館理事、TAISAI株式会社代表取締役、やまとの会代表、圀手會国際委員会代表を務め、ことたまの学校、やまと体術の普及など、さまざまなプロジェクトに力を入れている。著書に大野靖志のペンネームで『あなたの人生に奇跡をもたらす　和の成功法則』『願いをかなえるお清めＣＤブック』『成功の秘密にアクセスできるギャラクシー・コード』（小社）、『とほかみえみため～神につながる究極のことだま～』（和器出版）などがある。

◉オンラインサロン「やまとの会」 prm.yamato.salon/ltr/book/
※本書読者限定プレゼントもご用意しています

HOW TO CONNECT WITH THE GALAXY

宇宙とつながる縁結び

2023年7月20日　初版印刷
2023年7月30日　初版発行

著　者　小野寺 潤
発行人　黒川精一
発行所　株式会社 サンマーク出版
東京都新宿区北新宿 2-21-1
(電) 03-5348-7800
印　刷　共同印刷株式会社
製　本　村上製本所

ISBN978-4-7631-4044-9　C0030

ホームページ：https://www.sunmark.co.jp

サンマーク出版の話題書

言葉の力を高めると、夢はかなう

最新理論から発見！　隠されていた成功法則

渡邊康弘【著】

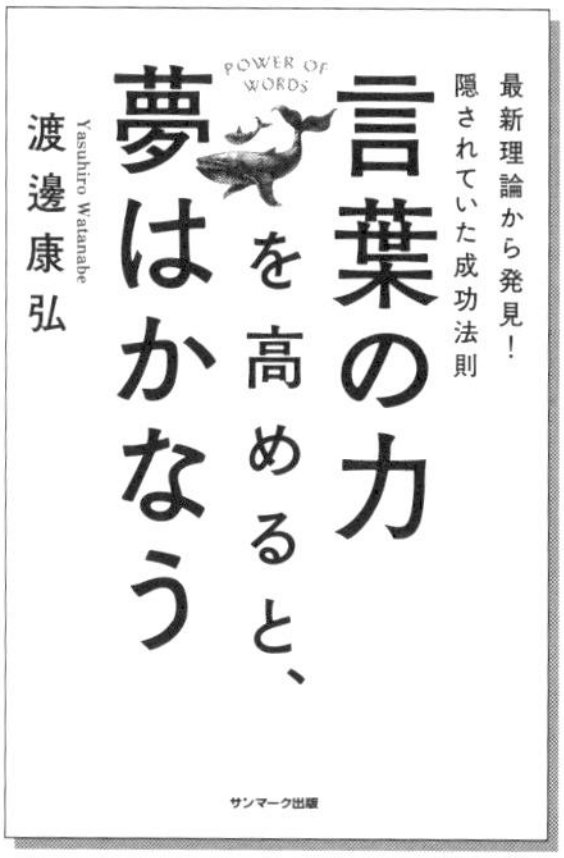

四六判並製　定価＝1500円＋税

脳科学、認知心理学などの最新研究から導く、
願いを効果的にかなえる秘密！

- 最新理論から導き出された！　言葉の力を高める方法
- 書くだけで夢が動き出すその証拠とは？
- 時間の罠から脱出せよ！「未来から時間は流れる」設定に変更
- 映画の主人公はいつも日常に不満をもっている
- ３分間「ありがとう」と言うと言葉の反射神経が鍛えられる
- 一流の人はすでに「力を高められた言葉」を使っている
- 小さな達成だけで、脳の認知機能は正常になる
- 偉業を生み出すクリエイティブ・ペア
- サルヴァドール・ダリの自分を高める口ぐせ

電子版はKindle、楽天〈kobo〉、またはiPhoneアプリ（Apple Books等）で購読できます。